Sigrid Offermann (Hg.)

Meer für dich
Das kleine Buch von Wellen, Wind und Weite

Über die Herausgeberin:

Für Sigrid Offermann sind schon seit Kindertagen zwei Dinge richtig wichtig: Bücher lesen und Radio hören. So verwundert es nicht, dass sie über die Hälfte ihres Lebens als Hörfunk-Redakteurin tätig war, bevor sie sich hauptberuflich dem Büchermachen zuwandte. Heute arbeitet sie als Lektorin bei Gerth Medien und versucht gemeinsam mit ihrem Mann, ihre beiden Kinder ins Leben zu begleiten. „Meer für dich" ist das zweite Herausgeberprojekt der begeisterten Textsammlerin.

Sigrid Offermann (Hg.)

Meer für dich

Das kleine Buch von
Wellen, Wind und Weite

GerthMedien

Inhalt

Ahoi, liebe Leserin!
Ahoi, lieber Leser!

„Nach dem Sternenhimmel ist das Größte und Schönste,
was Gott erschaffen hat, das Meer."

Diese Aussage stammt von dem österreichischen Biedermeier-Dichter Adalbert Stifter, und ich kann ihm da nur zustimmen. Das Meer übt auf mich eine große Faszination aus. Das wurde mir allerdings nicht unbedingt in die Wiege gelegt. Ich bin nämlich ein Landei durch und durch – aufgewachsen zwischen den Hügeln und Wäldern eines Mittelgebirges. Um ans Meer zu kommen, muss ich immer reisen. Weit nach Norden oder tief in den Süden. Es kann also nie passieren, dass ich einfach mal „zufällig" an einem Ozean vorbeikomme. Meine Begegnungen mit dem Meer sind immer vorbereitet, geplant und von daher absehbar.

Und dennoch sind sie immer anders. Selbstverständlich ist es ein Unterschied, ob ich an die Nordsee, die Ostsee, den Atlantik oder das Mittelmeer reise. Mehrmals stand ich sogar schon am Strand des Pazifischen Ozeans. Jedes dieser Meere hat seinen ganz eigenen Charakter und hat die Landschaft und die Menschen, die an seiner Küste leben, geformt. Ob mir am Strand das nimmermüde Zirpen der Zikaden vom nahen Pinienwald in die Ohren dringt oder mir an einer Steilküste das Krachen der meterhohen Wellen fast das Gehör wegbläst – dazwischen liegen tatsächlich Welten!

Ich habe festgestellt, dass selbst die Begegnung mit ein und demselben Meer jedes Mal anders und neu ist. Ich werde also nie behaupten können, dass ich das Meer kenne, obwohl ich schon viele Male an seinen unterschiedlichsten Rändern Urlaub gemacht und es mit Schiffen oder Booten überquert habe oder ein bisschen darin geschwommen bin. Das Meer ist und bleibt geheimnisvoll. Immer anders. Immer neu. Immer faszinierend und unergründlich. Auch wenn mir mancher Strand oder mancher Küstenstrich inzwischen vertraut erscheint.

Kommen Sie mit auf eine kleine Gedankenreise ans Meer?

Im Hafen

In einem kleinen Hafen dümpeln die Boote und Schiffe im trüben Meerwasser. Mit satten Schmatzlauten platscht es gegen die Kaimauern, wenn ein Boot einfährt und die Wasseroberfläche in Bewegung versetzt. Ich stehe direkt an der Hafenkante und nehme wahr, was um mich herum vor sich geht. In der braunen Brühe kann ich manchmal Quallen und kleine Fische entdecken. Das Meer ist unmittelbar vor mir, keinen halben Meter entfernt, aber das Brackwasser lockt mich kein bisschen. Niemals käme ich auf die Idee, mich auf den Boden zu setzen und die Füße im Wasser baumeln zu lassen. Über mir kreischen ausdauernd und laut die Möwen. Um die nahe Fischbrötchen-Bude lungern sie in Scharen herum. Ich amüsiere mich über das völlig verdatterte Gesicht eines Mannes, dem ein besonders dreistes Federvieh soeben den letzten Rest seiner Eiswaffel direkt aus der Hand gemopst hat. Fassungslos schaut er von seiner ausgestreckten Hand in die Luft und wieder zurück. Dann lacht er. Ich lache mit. Die Segelboote schaukeln weiß und elegant am Anleger; die Rümpfe der Fischkutter leuchten rot oder blau. Grüne Netze, gelbe Fender und rostige Ankerketten. Am buntesten sind die Aufbewahrungskisten für den Fang, die hoch aufgestapelt hinter dem Kühlhaus lagern. Im Hafen ist viel los: flanierende Touristen, arbeitende Fischer, ein- und ausfahrende Boote aller Art. Meine Augen kommen nicht zur Ruhe. Überall gibt es etwas zu entdecken. Das trübe Meerwasser, das all diesen Trubel an genau dieser Stelle der Welt verursacht hat, wird dabei fast zur Nebensache und schwappt unermüdlich weiter mit trägen Flapp-Lauten an die Hafenmauer.

An der Steilküste

Treffen das Meer und ich an einer Steilküste aufeinander, verläuft unsere Begegnung völlig anders. Meterhoch stehe ich über der Wasseroberfläche und mein Blick verliert sich in der Weite des Horizonts. Wohin ich auch schaue: Wasser! Unermesslich viel. Ich kann nur ahnen, dass sich unter dieser unendlich scheinenden Oberfläche eine komplett andere Welt verbirgt. Tief da unten herrscht reges Treiben, das selbst im 21. Jahrhundert erst ansatzweise erforscht ist. Mit großer

Wucht brechen sich die Wellen am Fuße des Felsens, auf dem ich stehe. Das Wasser spritzt in wilden Kaskaden gegen den Stein, und mit jeder neuen Welle formt es ein Kunstwerk, das nur Bruchteile von Sekunden in der Luft schwebt, um dann wieder in sich zusammenzufallen. Meine Augen können sich nicht sattsehen an diesem Schauspiel. Ich bin begeistert von dieser unergründlichen Urkraft und gleichzeitig ein wenig verzagt, weil ich mir so unsagbar klein vorkomme angesichts dieser Gewalt. Ich spüre, wie der Wind an mir zerrt und meine Haare zerzaust. Meine Gedanken werden „durchgelüftet"; die Urgewalt von Wasser, Wind und Fels lassen meine eigenen Belange und Befürchtungen, Sorgen und Segnungen unbedeutend erscheinen. Das Meer von der Steilküste aus zu beobachten, weckt in mir gleichzeitig Respekt und Ehrfurcht vor so viel Kraft und Schönheit und schafft jedes Mal einen wohltuenden Abstand zwischen mir und meinem Alltag.

Am Sandstrand

Wenn ich dem Meer am Sandstrand gegenüberstehe, wo die Sonne scheint, sanfte Wellen über den Sand rollen und kleine Rinnen und Priele hinterlassen, dann genieße ich diesen Anblick. Ich stehe mitten in einem Foto-Motiv: blauer Himmel, glitzerndes Wasser, gelber Sand und das stete, sanfte Rollen der Wellen. Der Sand zwischen den Zehen ist heiß und mich zieht es bereits nach kurzer Zeit hinein ins Wasser. Ich will seine angenehme Kühle spüren. Also wate ich hinein, zögere kurz, weil der Temperaturunterschied mir ein wenig den

Atem raubt, und tauche wenig später beherzt unter. Bin ich erst mal drin im Wasser, gewöhne ich mich schnell an die Temperatur, schwimme ein paar Züge, lege mich dann auf den Rücken und lasse mich von den Wellen schaukeln. In dieser Position kann ich den azurblauen Himmel betrachten, an dem ein paar weiße Wölkchen vorüberziehen … Ein Szenario wie aus einem Reiseprospekt, das meine Fantasie beflügelt und mich zum Träumen anregt.

Sie könnten mich jetzt auch noch an einen kargen Kieselstrand oder auf eine elegante Seebrücke begleiten, aber ich glaube, Sie verstehen, was ich meine: Je nach Setting zeigt mir das Meer ein anderes Gesicht. Und genau darin sehe ich Parallelen zu meiner Beziehung mit Gott. Vieles scheint mir vertraut, aber jede Begegnung mit ihm ist dennoch immer wieder anders. Geheimnisvoll. Neu. Faszinierend und unergründlich. Gott bleibt der Gleiche, so wie auch das Meer immer das Gleiche bleibt – und doch erlebe ich meinen Schöpfer und Vater jedes Mal anders.

Manchmal lenkt mich der Trubel vom Eigentlichen ab. Zum Beispiel im Gottesdienst oder auf einer Gemeindeveranstaltung, wo es ab und zu so munter zugeht, wie in einem belebten Hafen. Da kann man schon mal vor lauter Umtrieb vergessen, dass diese ganze bunte Geschäftigkeit im Grunde wegen Gott veranstaltet wird, während er selbst dabei in den Hintergrund rückt …

Bei anderen Gelegenheiten stehe ich voller Ehrfurcht vor der unermesslichen Größe Gottes – wie an einer Steilküste im

Angesicht der Urgewalt des Wassers. Dann wird alles total unbedeutend, was normalerweise so viel Raum in meinem Denken einnimmt. Gott ist da, er ist allmächtig, und ich kleines Geschöpf darf in seiner Gegenwart sein. Was für ein Geschenk! Hin und wieder kommt es aber auch vor, dass mich Furcht erfasst vor Gottes Unberechenbarkeit, weil ich spüre, dass ich über meinen allmächtigen Schöpfer niemals verfügen kann – auch nicht mit den inbrünstigsten Gebeten. Genauso wenig, wie ich als Mensch diese Wassermassen bändigen kann, die an den Felsen unter meinen Füßen donnern.

Und dann gibt es die Strandtage – auch in meiner Beziehung zu Gott. Meine Seele ist leicht und unbeschwert; ich tauche ohne Umschweife in seine Gegenwart ein und freue mich an ihm wie ein spielendes Kind im Wasser. Gott trägt mich wie auf sanften Wellen und meine Gedanken werden frei und froh. Ich fühle mich durch und durch geliebt und gesegnet.

Das Meer hat – zumindest an einigen Stellen auf der Welt – Gezeiten. Und genau das hat mein Glaubensleben auch. Ebbe und Flut, Zuversicht und Zweifel, wechseln sich ab. Das Meer hat mich gelehrt, dass das nichts Schlimmes ist. Es darf sein. Mein Schöpfer kann damit umgehen. Und ich lerne es mehr und mehr. Gerade am Meer.

Die amerikanische Schriftstellerin und Pilotin Anne Morrow Lindbergh schrieb:

„Wenn man jemanden liebt, so liebt man ihn nicht die ganze Zeit, nicht Stunde um Stunde auf die gleiche Weise. Das ist unmöglich. Es wäre sogar eine Lüge, wollte man die-

sen Eindruck erwecken. Und doch ist es genau das, was die meisten von uns fordern. Wir haben so wenig Vertrauen in die Gezeiten des Lebens, der Liebe, der Beziehungen. Wir jubeln der steigenden Flut entgegen und wehren uns erschrocken gegen die Ebbe. Wir haben Angst, sie würde nie zurückkehren. Wir verlangen Beständigkeit, Haltbarkeit, Fortdauer. Und die einzig mögliche Fortdauer des Lebens wie der Liebe liegt im Wachstum, im täglichen Auf und Ab – in der Freiheit; eine Freiheit im Sinne von Tänzern, die sich kaum berühren und doch Partner in der gleichen Bewegung sind."

Lassen Sie uns also gemeinsam auf den Wellen tanzen mit den Geschichten und Texten, von denen viele extra für dieses Buch geschrieben wurden. Andere habe ich aus vielen verschiedenen Winkeln zusammengetragen – wie Muscheln am Strand. Entdecken Sie in diesen Geschichten Gott in seinen unterschiedlichen Facetten. Und erfreuen Sie sich daran, dass seine Liebe zu uns so beständig bleibt wie das Meer, das immer da ist – auch wenn wir es nicht immer sehen können.

Ich wünsche Ihnen eine gute Reise!
Sigrid Offermann

Am Ufer des Meeres

Ab und zu bekomme ich Sehnsucht nach dem Meer. Nein, ich will dort nicht in der Sonne am Strand liegen und vor mich hindösen. Ich will auch kein erfrischendes Bad nehmen, nicht nach Muscheln tauchen und mit den Wellen kämpfen. Ich will einfach nur am Ufer stehen oder am Strand entlangwandern. Dabei blicke ich wie gebannt aufs Meer. Ich atme die salzige Luft tief ein, spüre den Wind auf meiner Haut und lausche dem Rauschen der Wellen. Ich sehe den Horizont dort hinten, vielleicht ein paar weiße Segel, winzig klein, und darüber die Wolken am Himmel. Wann diese Sehnsucht in mir aufsteigt? Vielleicht, wenn mir alles zu eng wird – die Stadt mit ihren Häuserschluchten, die vielen Termine, der Druck von allen Seiten, die Vorurteile, mein eigenes Denken. Vielleicht, wenn die Probleme in meinem Leben immer größer werden und ich nichts mehr (oder Meer) brauche als etwas Abstand. Vielleicht, wenn ich mich gefangen fühle in Abhängigkeiten und Alltagspflichten. Vielleicht, weil es einfach mal wieder Zeit ist! Ungefähr 70 Prozent der Erdoberfläche sind von Wasser bedeckt. An der Grenze von Land und Wasser kommt alles zusammen: Himmel und Erde, Luft und Wasser, Nähe und Ferne, Zeit und Ewigkeit. Es ist ein magischer Ort. Ich fühle mich so klein wie selten und zugleich Gott, dem

Grund des Lebens, so nah. Das macht mich empfindsam und stark zugleich.

Wenn die Wolken es zulassen, erwartet mich noch ein besonderes Erlebnis: Langsam nähert sich die Sonne dem Horizont. Bald sieht es aus, als würde der Feuerball im Meer versinken. Ich könnte jetzt kein Wort herausbringen, und doch ist mir, als würde ich ein Loblied anstimmen. Ob ich jetzt glücklich bin oder tief ergriffen, voller Wehmut oder in Gedanken versunken? Ich weiß nur, dass ich bin. Mehr nicht. Ich bin lebendig wie selten, bin einfach da. Wenn ich wieder zu Hause bin, werde ich vom Meer träumen. Vielleicht will mich jetzt noch jemand bei einem Spaziergang am Strand begleiten, in die Nacht hinein. Lassen Sie uns doch zusammen gehen. Bald ist der Horizont nicht mehr zu sehen.

Rainer Haak

Der 2. Schöpfungstag

Das Meer hörte Gottes Stimme. Es ist nicht so, dass das Meer machtlos wäre. Es rauscht, tobt und verschluckt. Doch Gottes Wort war stärker. Es zog eine Feste ein, trennte die Wasser in ein Oben und Unten. Das Meer fragte nicht, warum. Es gehorchte und staunte. Es hatte jetzt ein Gegenüber. Gott nannte es Himmel. Dazwischen: Weite und Raum. Leer war der, luftig und frei. Für alles, was Gott ins Leben rufen wollte. Und er fasste das Meer ein. So zeigte sich etwas, das vorher nicht zu sehen gewesen war: Erde. Eine Basis für alles, was Boden unter den Füßen braucht, Wurzelhalt, Keimstille, Brutwärme. Und es war gut so.

Sabine Henning

Sein ist das Meer

Denn in seiner Hand sind die Tiefen der Erde, und die Höhen der Berge sind auch sein. Denn sein ist das Meer, und er hat's gemacht, und seine Hände haben das Trockene bereitet. Kommt, lasst uns anbeten und knien und niederfallen vor dem HERRN, der uns gemacht hat.

Psalm 95,4–6

Wer schuf das Meer?

Wer schloss die Schleusentore, um das Meer zurückzuhalten, als es hervorbrach aus dem Mutterschoß der Erde? Ich hüllte es in Wolken und in dichtes Dunkel wie in Windeln; ich setzte dem Meer eine Grenze, schloss seine Tore und Riegel und sprach: „Bis hierher sollst du kommen und nicht weiter! Hier müssen sich deine mächtigen Wogen legen!"

Hiob 38,8–11

Land in Sicht

„Land in Sicht"! – zum ersten Mal in der Weltgeschichte! Festland taucht auf, geschaffen durch das Allmachtswort Gottes an die Chaosmacht Wasser. Gott nimmt das Recht des Schöpfers in Anspruch, gibt dem Geschaffenen Namen. Erde und Meer, alles sein Eigentum. Man stelle sich seine Freude vor – unvorstellbar!

Am dritten Tag sprach Gott: „Das Wasser unter dem Himmelsgewölbe soll sich an einer Stelle sammeln, damit das Land hervortritt." So geschah es. Und Gott nannte das Land Erde, die Sammlung des Wassers nannte er Meer. Und Gott sah das alles an: Es war gut. (1. Mose 1, 9+10)

Bianka Bleier

Dann auch ich

Du sprichst ein Wort.
Milliarden Kreaturen atmen dann,
entfalten sich genau nach deinem Plan.
Wenn alles dich verkörpert, *dann auch ich.*
Ich entdeck Dein Herz in allem, was Du sagst.
Selbst das Himmelszelt hast Du mit Gunst bemalt.
Wenn die Schöpfung Dir gehorcht,
ja, dann auch ich.
Wenn die Sterne Dich verehren,
dann auch ich.
Wenn die Meere dein Lob brüllen,
dann auch ich.
Denn wenn alles für Dich lebt und Dich erhebt,
dann auch ich.
Wenn der Wind sich Deinem Ruf beugt,
dann auch ich.
Wenn die Steine schweigend schreien,
dann auch ich.
Wenn all unser Lobpreis immer noch nicht reicht,
stimmen wir erneut Milliarden Mal mit ein.

Joes Houston/Michael Fatkin/ Benjamin Hastings

Heiliges Paradox

Im rötlichen Morgenlicht bleibe ich am Wassersaum stehen und lasse den kühlen Schaum meine bloßen Füße umspülen. Zu dieser frühen Stunde bin ich hier ganz allein, bis auf ein paar zankende Sanderlinge, die mit der Flut um die Wette rennen.

Langsam sucht mein Blick den Horizont ab; dann wandert er zum Himmel hinauf in dem Versuch, seine unermessliche Weite in mich aufzunehmen.

Vor der Größe und dem Geheimnis der Schöpfung schließe ich die Augen und lasse die schwachen Sonnenstrahlen auf mein Gesicht fallen.

Durch das Wort des Herrn ist der Himmel entstanden, die Gestirne schuf er durch seinen Befehl.

Ich öffne die Augen und blicke hinaus auf das Wasser, das sich vor mir erstreckt, soweit ich sehen kann, und den langsam heller werdenden Himmel spiegelt.

Es scheint ein heiliges Paradox zu sein.

Wie klein und unbedeutend bin ich hier am Rand des Ozeans, mitten in der ungeheuren Weite der Schöpfung; und doch fühlt es sich auf eine bestimmte Weise so an, als sei die majestätische Szene nur für mich gemacht.

Sanft rollen die Wellen auf den Sand wie tastend ausgestreckte, krabbelnde Finger, die sich nach Berührung sehnen.

Ich grabe meine Füße in den Sand, greife Sand mit den Zehen und lasse ihn dann los – wie ein Spielzeugkran in einem Greifautomaten, der einen Preis freigibt.

Tiefer Friede erfüllt mich. Greifen und loslassen. Greifen und loslassen.

Mit jedem Sandkorn, das meine gekrümmten Zehen loslassen, fällt der Druck von meinen To-do-Listen und Terminplänen etwas mehr von mir ab.

Posts in den sozialen Medien, Arzttermine, Familienpflichten – unter diesem ozeanblauen Himmel verblassen sie alle.

Der Strand ist mein besonderer Treffpunkt mit Gott.

Mein Ort der Erneuerung und Ruhe.

Hierher komme ich, um Weisheit für meine Lebensreise zu suchen.

In meinen niedrigen Liegesitz zurückgekehrt wird mir deutlich bewusst, dass es meine morschen Knie fordern wird, wieder daraus aufzustehen.

Aber in diesem Moment entscheide ich mich, die Heiligkeit des Schauspiels, das gerade vor meinen Augen inszeniert wird, mit allen Poren und allen Sinnen in mich aufzunehmen.

Seid stille und erkennet, dass ich Gott bin!
So viel der Himmel höher ist als die Erde,
so sind auch meine Wege höher als eure Wege
und meine Gedanken als eure Gedanken.

Psalm 33,6; Jesaja 55,9

Blenden wir doch öfter die Ablenkungen dieser Welt aus und konzentrieren uns auf Gottes Schöpfung, die er vor uns ausbreitet. Wenn wir, wo wir auch sind, die Gegenwart Gottes suchen, empfangen wir eine stille Gewissheit, dass Gottes Wege höher sind als unsere Wege. Nehmen wir die Heiligkeit jedes einzelnen Augenblicks in uns auf und geben unsere Müdigkeit und unsere Sorgen an ihn ab. Lass uns still werden und erkennen, wer Gott ist.

Missy Buchanan

Sonnenaufgang

Leise tripple ich durch das Haus. Niemand ist unterwegs an diesem frühen Morgen. Es ist kühl, als ich nach draußen trete. Der Wind zerrt an meinem Bademantel und dem Handtuch, das ich mir um den Hals gelegt habe. Die dunklen Wolken der Nacht hängen noch am Himmel. Dennoch mache ich mich zügig auf den Weg. Ich folge dem gepflasterten Pfad. Nur eine Düne muss ich überqueren und dann stehe ich auf der Anhöhe. Es ist jedes Mal dieser ganz besondere Moment, wenn die Düne aus dem Blickfeld verschwindet und sich vor mir das Meer ausbreitet. Das riesengroße, weite Meer. Ist das schön! Heute Morgen habe ich es ganz allein für mich. Niemand ist da. Nur ich.

Mein Blick versinkt in diesem Meer. Wie sehr ich das Spiel der Wellen liebe und ihr Rauschen genieße! Der Sand zu meinen Füßen. Die ersten wachen Möwen.

Verzückt breite ich meine Arme aus – als ob ich das Meer umarmen wollte. Umarmen dafür, dass es mir diese Weite, diese Unbekümmertheit, den Mut, die Zuversicht und die Stärke immer wieder schenkt. Tief atme ich die salzige Luft ein.

Dann können meine Füße nicht mehr anders. Sie rennen los. Die Wellen rauschen mir entgegen, der Wind pfeift durch meine Haare. Wie magisch angezogen renne ich immer weiter, streife meinen Bademantel ab, meine Badeschuhe und laufe den Wellen entgegen. Die erste Welle berührt meine Zehen, immer weiter laufe ich.

Es ist eiskalt. Die Kälte weckt meine Lebensgeister, meine Überlebensgeister. Ich springe in das dunkelblaue Meer. Die Wellen rauschen, ich lasse mich einfach fallen und vom Meer schaukeln. Dann setze ich zum ersten Schwimmzug an. Die Wellen klatschen mir ins Gesicht.

Ich spüre die Kälte von den Zehenspitzen bis zur Nase, aber es tut so gut, sich trotzdem zu trauen! Nach kurzer Zeit mache ich eine Wende und schwimme zurück zum Strand, renne zu meinem Handtuch. Mit klammen Fingern lege ich mir den Bademantel um, wärme mich unter dem flauschigen Mantel auf, rubble über meine Arme und Beine, um sie aufzuwärmen.

Und dann blicke ich auf. In den Himmel. Stockend halte ich inne. Das gibts doch nicht!

Erste gelbe Sonnenspitzen der aufgehenden Sonne, die hinter der Düne hinaufkriechen, tanzen am Dünenrand entlang. Sie breiten sich immer schneller aus und versuchen, sich in Richtung Meer zu strecken. Die Wolken schimmern in sattem Karmin- und Orangerot.

Den Bademantel fest um mich gehüllt, drehe ich mich den Farben hinterher, die sich nun immer schneller über den ganzen Himmel ausbreiten und zum Meer hinwandern. Es scheint fast so, als würde die Farbenpracht am Horizont ins Meer fallen und es in sanfte rosa und lila Töne tauchen.

Ich kann nur staunen über dieses Naturschauspiel.
Ich kann meinem himmlischen Vater nur danken für diese Pracht.
Der ganze Himmel ist bedeckt mit diesen herrlichen Farben.
Es ist überwältigend. Und es dauert nur wenige Minuten.

Es ist ein Wunder. Gottes Wundersonnenaufgang.

Simone Heintze

Meer

Wenn man ans Meer kommt
Soll man zu schweigen beginnen
Bei den letzten Grashalmen
Soll man den Faden verlieren
Und Salzschaum
Und das scharfe Zischen des Windes
Einatmen
Und ausatmen
Und wieder einatmen
Wenn man den Sand sägen hört
Und das Schlurfen der kleinen Steine
In langen Wellen
Soll man aufhören zu sollen
Und nichts mehr wollen
Nur Meer
Nur Meer

Erich Fried

Alle sollen singen

Singet dem HERRN ein neues Lied, seinen Ruhm an den Enden der Erde, die ihr auf dem Meer fahrt, und was im Meer ist, ihr Inseln und die darauf wohnen!

Jesaja 42,10

Der Anblick des Meeres

Warum ist der Anblick des Meeres so unendlich und so ewig angenehm? Weil das Meer gleichzeitig die Idee der Unermesslichkeit und die der Bewegung bietet.

Charles Baudelaire

Erste Liebe

Ich war neun, als ich zum ersten Mal das Meer sah. Ergriffen reagierte ich auf das Unfassbare mit dem Instinkt des Kindes: Ich schlug sofort einen Bogen zu Gottes Größe. Wer dieses Wasser erschaffen hatte, musste um ein Vielfaches größer sein. Vielleicht hatte ich überhaupt zum ersten Mal einen handfesten Beweis seiner Größe vor Augen. Die einzig angemessene Antwort auf dieses unermessliche Gewässer schien mir, es mit seinen Augen zu betrachten. Um es irgendwie einordnen zu können, stellte ich mir vor, dass für Gott dieses gigantische Wasser eine Pfütze war, die er nach allen Seiten überblicken konnte, während ich so klein war, dass ich nur bis zum Horizont sah. Gott hatte den Überblick. Gott war groß! Ich hatte den Saum seines Gewandes berührt und eine Ahnung seiner Energie und Schöpfungsfreude gespürt. Was ich damals spürte, ist dasselbe Gefühl, das mich auch heute noch überwältigt, wenn ich nach längerer Abwesenheit vor dem Meer stehe.

Bianka Bleier

Glaubst du an Wunder?

„Kui, Kui" – über mir schwingt sich eine Möwe in die Luft und zieht ihre Kreise. Ich stehe am Aussichtspunkt des Greetsieler Hafens, schließe die Augen, atme tief ein. Und dann ganz langsam wieder aus. Ich höre auf die Geräusche um mich herum. Ein Hund bellt. Die Takelagen der Krabbenkutter schlagen leicht an die Masten. Es klingt wie zartes Läuten. Ein träges Plätschern weht vom Hafenbecken herüber. Eine Taube gurrt in den Bäumen hinter mir. Und sonst: Stille.

So habe ich den Sielort in all den Jahren noch nie erlebt. Sonst waren jede Menge Menschen unterwegs. Die einen bestaunten die malerische Aussicht auf den Hafen, die anderen standen Schlange, um ein Eis zu ergattern. Manchmal spielte sogar ein Straßenmusiker auf der Sielbrücke. Mit 25 Krabbenkuttern, die den malerischen Hafen im Fischerdorf regelmäßig ansteuern, ist in Greetsiel die größte Kutterflotte Ostfrieslands zu Hause. Neben dem Hauptfang, den Nordseekrabben, fangen die Kutter außerdem in kleineren Mengen auch Plattfische wie Schollen, Scharben und Seezungen. Mittlerweile ist der historische Hafen über 600 Jahre alt, und so lange ich denken kann, herrschte immer reges Treiben dort.

Doch jetzt sind Eissalon, Tee-Kontor, Restaurants, Boutiquen und Souvenirläden geschlossen. Lockdown in Ostfriesland. Unglaublich. Aber wahr. Corona hat uns im Griff.

Ich öffne meine Augen. Hier sieht alles aus wie sonst auch! Alles? Nein! Vor mir auf der dicken Mauer entdecke ich etwas, das sonst nicht dort gelegen hat. Wie eine Perlenkette reihen sich bunte, handbemalte Steine aneinander. Ich erkenne einen Schmetterling, eine Blume und daneben einen länglichen Stein, schwarz auf grün steht darauf: „Glaubst du an Wunder?"

Sofort habe ich den alten Schlager von Katja Ebstein im Ohr: „Wunder gibt es immer wieder. Heute oder morgen können sie geschehen!" „Ja, dann bitte lieber heute als morgen!", schießt es mir durch den Kopf! Ein Wunder – das wäre doch jetzt wirklich genial. ZACK – und alles wäre wieder gut. Das Leben könnte wieder „normal" weitergehen. Greetsiel wäre voller Menschen, die Hoteliers, Gastronomen und Einzelhändler hätten wieder ihr Ein- und Auskommen. Und „Lockdown" wäre nur noch etwas, wovon wir unseren Kindern und Enkeln mal erzählen würden.

„Glaubst du an Wunder?" Den Stein lasse ich auf der Mauer in Greetsiel liegen. Aber die Frage nehme ich mit. Sie beschäftigt mich immer noch, als ich abends in Norddeich am Meer den Sonnenuntergang bestaune. Was für ein herrlicher Anblick!

Plötzlich kommt mir ein altes Lied von Peter Strauch in den Sinn. Und weil die wenigen Leute um mich herum, die auch ihren Abendspaziergang machen, wegen der Abstandsregel weit genug weg sind, fange ich leise an zu singen: *„Herr, ich sehe deine Welt, das weite Himmelszelt, die Wunder deiner*

Schöpfung. Alles das hast du gemacht, den Tag und auch die Nacht, ich danke dir dafür."

Ich kann mich kaum sattsehen an den herrlichen Rottönen. Die Sonne ist jetzt hinter dem Horizont verschwunden, es wird langsam dunkel. Ich mache mich auf den Weg zurück zu unserer Ferienwohnung.

„Glaubst du an Wunder?" Da ist sie wieder, die Frage. Wer die wunderbare Schöpfung sieht, muss eigentlich an Wunder glauben, geht es mir durch den Kopf. Eher zufällig geht mein Blick wieder hoch zum Himmel. Ich entdecke ein Kreuz aus Kondensstreifen und kann es kaum glauben, aber es scheint mir so, als ob es mich auf dem letzten Rest des Weges begleitet. Schließlich ist unser Haus in Sichtweite und ich bekomme den Mund vor Staunen nicht mehr zu: Jetzt steht das Wolkenkreuz direkt über unserem Dach!

Wenn das mal kein Wunder ist, denke ich und freue mich über das liebevolle Zeichen vom Schöpfer der Welt persönlich, dem Meister der Sonnenuntergänge, dem Herr über Wolken und Kondensstreifen. Er residiert nicht weit weg im Himmel und ist für mich nicht zu sprechen, nein, er schenkt mir hier ein Zeichen seiner Liebe, das er an den Himmel malt. Das Kreuz heißt für mich: Ich bin Gott einen Jesus wert!

Ein paar Tage später lese ich ein Zitat von Martin Luther: *„Gottes Wunder geschehen nicht darum, dass wir sie ermessen und fangen, sondern dass wir dadurch glauben und getrost werden sollen."*

Sabine Langenbach

Endlich wieder am Meer

Leif, mein alter Angel-Guide, hatte in den Jahren nichts an Vitalität eingebüßt. Er schien ein Leben völlig ohne plötzlich auftauchende schwarze Löcher oder sonstige Widrigkeiten zu führen. Ohne Zweifel war es das Leben am Meer, das diesen Mann so glücklich und so zufrieden machte. Ich packte meine Sachen aus, besorgte beim kleinen Kaufmann des Ortes zwei Säcke Feuerholz, stellte sie auf der Terrasse des Ferienhauses ab und machte mich anschließend barfuß auf zum Strand, um das Meer zu begrüßen. Der Sandstrand war immer noch genauso schön, wie ich ihn in Erinnerung hatte. Er war sogar noch etwas breiter geworden. Die Winterstürme der letzten zwei Jahre hatten viel Sand von der Südküste mitgenommen und ihn hier vor der Ostküste wieder abgelegt, wie Leif mir später erklärte. Wind und Wellen allein bestimmten, wo wie viel Sand an den Stränden lag. Eine Macht, die Tourismusdirektoren wohl gerne gehabt hätten, denn teure Sandvorspülungen würden dann endlich der Vergangenheit angehören …
Die warme Luft der letzten drei Tage traf auf ein immer noch kühles Meer, und der aufsteigende Dunstschleier hüllte den Horizont in ein warmes, beinahe magisches Abendlicht. Der Wind war fast komplett eingeschlafen, und wenn die Macher der Augsburger Puppenkiste sich irgendwann, irgendwo mal

abgeguckt haben, wie man mit einer Plastikfolie eine bleierne Wasseroberfläche nachahmt, müssen sie an so einem Abend das Meer beobachtet haben. Lummerland war nicht in Sicht, aber ein Fischerboot, das zielsicher auf den Hafen des kleinen Ortes zusteuerte. Das Geräusch des Dieselmotors verschmolz mit dem Möwengeschrei in der Ferne und dem dumpfen Auslaufen der Wellen vor meinen Füßen zu einem wohltuenden Dreiklang. Ich war zurück am Meer und das allein machte mich schon glücklich.

Udo Schröter

Lass mich eine Insel sein

Ich möchte allein sein mit meinem Gott, so viel ich vermag.
So wie die Flut die Küste umspült, so lass mich eine Insel sein, die sich abhebt und ausgrenzt.
Alleine mit dir, Gott, und dir geheiligt.
Wenn die Ebbe kommt, so bereite du mich auf meine Aufgabe in der hektischen Welt, auf der anderen Seite, vor. Diese Welt, die auf mich einstürzt, bis die Flut wieder steigt und mich wieder mit dir zusammenbringt.

Aidan (635–651 Mönch auf der Insel Lindisfarne)

Im Gebet am Meer

Guter Gott, ich danke dir für deine neue
und frische Lebensbrise.
Du schenkst mir die immer wiederkehrende Ruhe,
wie sie auch die Gezeiten des Meeres mit sich bringen.
Du gibst mir diese Stärke, mit der die Wellen stets
ans Ufer gleiten.
Du stattest mein Lebensboot immer mit einem
Hoffnungsanker aus, damit ich Veränderungen
zulassen kann.
Du gibst der Liebe das intensive und treue Blau,
welches dem Meer und der Freundschaft Harmonie
verleiht.
Du lässt mich so fröhlich strahlen, wie die Sonnen-
strahlen auf dem Meereswasser funkeln.
Die Melodie der Zufriedenheit ist wie das Meeres-
rauschen, das mit großen und kleinen Böen spielt.
Mit dir ist jeder Tag wie ein Spaziergang am Meer.
Amen

Katja Heimbach

Einfachheit

Strandleben ist eine Übung in Einfachheit. Es hilft mir, die Komplikationen einer termingehetzten digitalen Existenz von mir abzustreifen.

Hier am Ufer dreht sich das Leben um Flip-Flops, Sonnenschutz, einen Strohhut und ein luftiges Strandkleid über einem nassen Badeanzug.

Hier geht es um Bücher mit Salzwasserflecken und Eselsohren und um Zeit, in der ich ohne schlechtes Gewissen meinen Gedanken nachhängen kann.

Warum braucht es in meinem Alltag immer wieder den Ruf der Brandung, um mir wieder bewusst zu machen, was ich doch längst weiß? Das gute Leben ist das einfache Leben.

Also schleudere ich meine bewährten Flip-Flops von den Füßen und stiefele barfuß durch den tiefen weichen Sand bis dorthin, wo der Weg in den breiten Strand übergeht.

Plötzlich streift eine leichte Brise mein Gesicht und lässt mich mitten im Laufen innehalten.

Meine Augen nehmen den Dreiklang von Himmel, Meer und Land auf. An diesem heiligen Ort verschwimmen sie ineinander zu einer idyllischen Szene, die erfüllt ist von den Schreien der Seevögel und der Verheißung eines wunderbaren Tages.

Ich lasse mich in einen Liegestuhl sinken und schließe die Augen, die heute frei sind von Make-up.

Der Strand ist der Ort, wo das Nichtstun mich darauf stößt, was im Leben wirklich wichtig ist: Beziehungen, Familie und Freunde, Mitgefühl, Vergebung und Liebe.

Denn wo dein Schatz ist, da wird auch dein Herz sein.

(Matthäus 6,21)

Hier, auf diesem sandigen Fleckchen im Kosmos, rückt der Schöpfer mir wieder einmal meine Perspektive zurecht.

Einfachheit besteht darin, sich auf die Dinge zu konzentrieren, die Ewigkeitswert haben.

Was haben wir denn in die Welt mitgebracht? Nichts!

Was können wir aus der Welt mitnehmen? Nichts!

(1. Timotheus 6,7)

Während mich das milde Licht der Morgensonne umspielt, entdecke ich jetzt, wo ich älter werde, einen neuen Durst nach mehr Einfachheit.

Meine Gedanken wandern voraus zu einer ernüchternden Wahrheit: Eines Tages werden die Dinge, die mein Leben angefüllt haben, an einem Bordstein stehen. Oder verpackt und gespendet oder verkauft werden.

Ich lausche dem Konzert der See, und mir wird klar, wie wenig ich wirklich brauche, um ein Leben zu leben, das mit Sinn und Bedeutung angefüllt ist.

Missy Buchanan

Am Meer

Die Wellen umspülten ihre Füße, salziger Geruch lag in der Luft. Julia liebte es, so am Strand spazieren zu gehen, den Sand zu fühlen, den Wind im Gesicht zu haben, die Möwen zu hören.

Schon seit einigen Tagen war sie jetzt an der Nordsee zusammen mit ihrem Mann und ihrer Tochter Lina. Julia war froh, dass sich ihr Mann ausgiebig mit ihrer Tochter beschäftigte, sodass sie sich einmal Zeit für sich nehmen konnte. Diese Auszeit hatte sie auch bitter nötig. Das letzte Jahr war sehr anstrengend gewesen.

Ihre Mutter hatte sich schon längere Zeit nicht wohlgefühlt. Keiner konnte so richtig feststellen, was ihr fehlte. Bis sie dann in eine Lungenfachklinik eingewiesen und dort gründlich untersucht wurde. Und dann kam dieser schreckliche Tag. Wieder und wieder hörte sie die Worte des Arztes: „Sie müssen sich darauf gefasst machen, dass Ihre Mutter nicht mehr lange zu leben hat. Sie hat einen inoperablen Lungentumor." Wie betäubt war sie gewesen. Hatte sich in den nahegelegenen Wald geflüchtet und Gott laut angeklagt. Ihre Mutter war noch relativ jung. Jedenfalls nicht in einem Alter, in dem man sterben musste.

Alles war dann ganz schnell gegangen – so, wie der Arzt vorausgesagt hatte. Der Krebs hatte rasant um sich gegriffen. Die Pflege war kurz, aber heftig. Nur wenige Wochen und sie musste ihre Mutter beerdigen. Als Julia an ihrem Grab stand, konnte sie nur der eine Gedanke trösten: „Hier liegt nur die Hülle. Meine Mutter ist bei Gott. An ihn hat sie geglaubt. Und in diesem Glauben ist sie gestorben."

Danach war der Alltag wieder über sie hereingebrochen. Julia musste nun zusätzlich diverse Behördengänge erledigen und vor allem die persönlichen Sachen ihrer Mutter regeln. Außerdem hatte sie einen Haushalt, eine Familie und nebenbei noch ihre Oma und ihren Vater zu versorgen. Sie kam überhaupt nicht zum Nachdenken. Und eigentlich wollte sie das auch gar nicht. Lieber stürzte sie sich in die Arbeit, als dass sie über Krankheit, Tod und den Sinn des Lebens nachdachte.

Und jetzt war sie hier am Meer. Stundenlang wanderte sie allein am Strand entlang. Die Trauer, die Fragen und die Gedanken, die Julia jetzt über ein Jahr lang erfolgreich verdrängt hatte, kamen hoch und zerrten an ihr wie der Wind an ihren Haaren. Warum musste das passieren? Ihre Mutter war eine starke Frau gewesen, hatte viel in ihrem Leben gearbeitet, sich aufgeopfert für ihre Familie, sich in der Gemeinde engagiert. Jetzt hätte sie noch ein paar schöne Jahre haben können. Hätte … Und plötzlich war alles zu Ende.

Julia versuchte, ihre Gedanken zu sortieren und zu formulieren. Laut brachte sie ihre Fragen, ihre Klagen und auch ihr Weinen vor Gott. Und hörte zunächst einmal – nichts. Außer dem Rauschen der Wellen und dem Wind, der ihr mal mehr, mal weniger heftig ins Gesicht blies.

Heute war sie wieder den ganzen Tag unterwegs gewesen, war durch die Dünen gelaufen und am Strand entlanggewandert. Aber sie fand keine Ruhe.

Ziemlich fertig kam sie gegen Abend in ihrer Ferienwohnung an. Ihre Tochter erwartete sie schon. „Gehst du mit mir nochmal an den Strand?", fragte Lina. Eigentlich wollte Julia gar nicht mehr aus dem Haus. Sie hatte heute bereits genügend Kilometer zurückgelegt. Außerdem sah es nach Regen aus. Die Sonne hatte sich komplett verzogen. Doch als das Kind immer weiter bettelte, entschloss sie sich ihr zuliebe, nochmal mit ihr ans Wasser zu gehen.

Als sie auf den Dünen angelangt waren, riss die Wolkendecke plötzlich auf. Der ganze Himmel und das Meer wurden in ein tiefes, dunkles Rot getaucht. Ein atemberaubender Anblick. Lina staunte: „Guck mal, Mama: Gott hat jetzt gerade das Licht angemacht."

Julia musste schlucken: Gott hat jetzt gerade das Licht angemacht? Ihr war, als hätte Gott durch diesen schlichten Satz ihrer Tochter direkt zu ihr gesprochen: „Schau doch, Julia, ich habe das Licht angemacht für dich! Ich bin da. Auch wenn du durch schwere Zeiten gehen musst und auch wenn du Trauer erlebst und vieles nicht verstehst, bin ich da und schalte für dich das Licht ein."

Dieser besondere Moment am Meer hatte bei Julia tatsächlich auch im übertragenen Sinn den Schalter umgelegt. Sie merkte, wie sie ruhiger wurde und sich mit ihrer Trauer versöhnen konnte. Und sie wusste wieder: Ja, es stimmt noch immer: Gott ist da. Trotz allem. Und wenn es um mich herum dunkel ist, kann und wird er das Licht für mich anmachen.

Brigitte Rath

Wie Sand am Meer

Wie rätselhaft sind deine Gedanken, Gott, und wie unermesslich ist ihre Fülle! Sie sind zahlreicher als der Sand am Meer. Nächtelang denke ich über dich nach und komme an kein Ende.

Psalm 139,17+18

Fürsorge

Eines Abends beobachteten meine kleine Tochter und ich bei
Sonnenuntergang, wie langsam die Flut kam. Es war ein stil-
ler Abend, und in der untergehenden Sonne schimmerte alles
– auch das Wasser, das wie Blattgold über den trockenen Sand
immer näherkam und sich schließlich fast liebkosend um den
Fuß einer Düne legte. Und meine Tochter sagte nachdenklich:
„Ist es nicht schön, wie sich das Meer um das Land kümmert?"
Sie hatte recht; meine Tochter hatte den unfehlbaren Instinkt
eines Kindes: Es war wirklich eine Art der Fürsorge. Die Düne
lag einfach passiv da, aber das Meer, das kam und ging, küm-
merte sich fürsorglich um das Land. In diesem wunderschönen
Bild war die komplette Lektion enthalten: Werde wach, werde
aktiv, handele, gehe auf einen Menschen zu, lass dich ganz auf
ihn ein und erlebe dadurch selbst Erfüllung.

Arthur Gordon (aus: „Geschenke des Himmels")

Der Atem des Meeres

Das Meer wurde dieses wunderbaren Geräusches einfach nicht müde. Und Hannah wurde nicht müde, ihm zuzuhören: das leise anschwellende und abebbende Rauschen der Wellen. Wie das Atmen eines lebendigen Wesens. Sie staunte über die immer wieder andere Dynamik, die der Wind beisteuerte – mal sanft streichelnd, mal fahnenknatternd, aber nie verstummend. Es war eine Symphonie der Schöpfung. Eine großartige Komposition Gottes. Dazu spürte Hannah die intensive Wärme der Sonne und die Kühle des Windes, die beide auch Teil dieser einzigartigen Symphonie waren.

In dieser Bucht war es zwar nicht so makellos sandig wie an den überfüllten Touristenstränden aus dem Reisekatalog, aber Hannah mochte es so. Hier konnte sie das Meer in Ruhe genießen – ohne knallbunte Schwimmtiere, Pommes-Wagen und Hunderte von anderen Urlaubern vor der Nase. Hier war sie fast allein. Es war Hannah gelungen, einen Sonnenschirm zwischen Kieseln und Felsbrocken festzuklemmen. Sie legte ihr Buch in die Tasche und deckte es mit ihrem Sonnenhut gegen den Sand ab. Über die spitzen Steine, die die Tageshitze gespeichert hatten, bewegte sie sich mehr hüpfend als rennend zum schäumenden Rand des Meeres. Das Wasser spritzte zu allen Seiten, nun hüpfte auch das Sonnenlicht zwischen den tausend Tropfen hin und her und bildete für Augenblicke einen Regenbogen.

Hannah warf sich in die kühle Flut. In Ufernähe war das Wasser auf Badewannentemperatur, aber schon nach wenigen Zügen spürte sie an den Füßen und dann auch am Bauch das kältere Tiefenwasser. Sie ließ sich etwas weiter hinabsinken. Das tat gut nach der Hitze am Strand. Vor ihren Augen wurde es hellblau, fast türkis. Weiße Blasen stiegen vor ihr auf wie ein glitzernder Vorhang. Das Meer war hier glasklar. Schattenhaft nahm sie kleine Bewegungen unter sich wahr. Fast durchsichtige Fische wehten wie Reihen kleinster Fähnchen im Wind der Strömung. Ab und zu huschte ein größeres Exemplar – sandfarben mit feinem Streifen – durch den Schwarm. Wie ein Organismus wichen die kleinen Fische aus und formierten sich neu. Dieser Anblick erinnerte Hannah spontan an einen Psalmvers: „Du schufst die Seeungeheuer, um damit zu spielen". Als wolle sie sich gern an diesem Spiel beteiligen, tauchte Hannah nun selbst mit kräftigen Bewegungen und einem Lächeln im Gesicht durch den Schwarm und dann wieder nach oben an die Wasseroberfläche. Dort prustete sie das Meerwasser von sich und versuchte blinzelnd, sich zu orientieren.

In einiger Entfernung konnte sie einen großen Felsen erkennen. Sie schwamm darauf zu und versuchte, kein salziges Wasser in den Mund zu bekommen. Dahinter erhob sich ein flaches Plateau aus dem Meer. An seinen Rändern wogte und kletterte die Gischt unermüdlich auf und ab. Sicher brachen sich an manchen Tagen bei entsprechendem

Wind die Wellen meterhoch an diesem Brocken. Doch im Moment waren nur kleinere weißgesäumte Wellen zu sehen: das immerwährende, zischende und schäumende Atmen des Riesen, der heute mehr schlafend als wachend in dieser traumhaften Bucht lag.

Hannah wandte sich wieder um und suchte mit den Augen den steinigen Strand nach ihrem hellblauen Sonnenschirm ab. Sie entdeckte ihn, wie er leicht wankend dem Wind trotzte. Mit langen Zügen steuerte sie darauf zu. Sie fröstelte etwas in der kühlen Flut, spürte aber nach kurzer Zeit zwischen den kalten Wogen bereits wieder zunehmend die warme Strömung. Das Badewasser ist wieder eingelassen, dachte Hannah schmunzelnd. Bald musste sie waten, statt zu schwimmen. Vorsichtig kletterte sie über den steinigen Boden an Land. Ihr Haar zog eine Tropfspur neben ihren Fußspuren. Hannah ließ sich erschöpft bäuchlings auf ihre Strandmatte fallen. Über die geschlossenen Augen rollten salzige Tränen aus ihrem Haar. Sie lächelte. Es waren Freudentränen aus Meerwasser. „Danke, Jesus, für diese Zeit. Für den Urlaub. Für das Meer."

Es schien ihr, als flüsterte die dösende See im Traum leise: „Er hat mich wunderbar gemacht."

Matthias Hennemann

Durchatmen

Ich – Mutter von drei Kindern, voll berufstätig – bin am Meer. Endlich! Monatelang habe ich mich auf diesen Urlaub gefreut. Fünf Tage habe ich. Ganz allein auf einer Insel. Nichts wie runter zum Strand also. Strammer Westwind, das Meer tobt. Gischt schießt über den Strand. So mag ich es! Meer, Wind und das Gefühl, unendlich viel Zeit zu haben – das ist die Mischung, die ich brauche, um Stress und Alltag weit hinter mir zu lassen. Diesmal klappt es nicht. Im Gegenteil: Die dicke Jacke engt mich ein, meine Haare fliegen mir ständig ins Gesicht und bei jedem Schritt versinke ich tief im nassen Sand. „Los", denke ich, „du hast nur fünf Tage. Spüre Freiheit!" Ich bleibe stehen, atme die Meeresluft tief ein, schaue zum Horizont – nichts hilft. So stapfe ich missmutig und gehetzt dahin. Mit jedem Schritt wächst meine Enttäuschung, dass sich das Gefühl von Freiheit und Erfüllung einfach nicht einstellen will. Schließlich laufen mir sogar Tränen über die Wangen – und genau das habe ich gebraucht! Voller Wut reiße ich mir Schuhe und Strümpfe von den Füßen, binde meine Jacke um den Bauch und knote meine Haare zusammen. Als das Wasser zum ersten Mal meine Füße berührt, schreie ich – eiskalt ist das! Trotzig gehe ich weiter. Beim zweiten Mal fühlt es sich schon wärmer an. Es kitzelt an den Zehen und entlockt mir ein Grinsen. Dann passe ich einen Moment nicht auf: Hosenbeine nass! „Mist", denke ich und bin wieder genervt. Als mich die zweite größere Welle erwischt, ist es mir egal. Die nächste bringt mich sogar zum Lachen. Das Gehen fällt leichter – barfuß im Sand. Mit jedem Schritt spüre ich mehr Freude. Als ich die Strandpromenade erreiche, fühlen sich meine Füße wunderbar an. Dass ich kein Handtuch habe und meine Hose inzwischen nass ist bis zu Hüfte, ist mir egal. Ich setze mich auf eine Bank, genieße die Sonne auf meiner Haut und beobachte die Möwen, die kreischend ihre Kreise ziehen.

Ulrike Berg

Was Meer und Himmel erschließen

Was die Erde auch birgt,
was Meer und Himmel erschließen,
und was sich regt, was atmet,
begehrt und empfindet,
all das schuf deine Hand
und trägt und erhält es im Dasein,
gibt ihm Leben und Kraft
und lenkt es mit Allmacht und Weisheit.

Aus dem katholischen Stundenbuch 3

Endlose Weite

Was für andere Menschen die Berge sind, ist für mich das Meer. Hier fühle ich mich glücklich und frei. Ich stehe am Strand und nehme mit beinahe schmerzlicher Intensität das Rauschen des Wassers und den belebenden Wind wahr, der mich vom Meer aus heftig angreift. Das Heranrollen und Zurückziehen der Wellen hat eine fast hypnotische Wirkung, die meinen Blick über die endlose Weite des Wassers bis zum Horizont zieht. Ein Gefühl der Zeitlosigkeit erfasst mich; über Jahrhunderte und Jahrtausende ist das Meer scheinbar unverändert geblieben.

Berühmte Entdecker und Seefahrer, Alexander der Große und andere bedeutende historische Persönlichkeiten haben einen ganz ähnlichen Anblick, das gleiche Rauschen und denselben Wind erlebt. Mir wird bewusst, dass das Leben nur ein Hauch ist und wie klein und unbedeutend ich bin. Gott dagegen ist der Ewige, Große, Allmächtige. Wie oft kreisen meine Gedanken nur um mein Leben und meine Probleme. Hier am Meer werden die Prioritäten wieder zurechtgerückt, die Last wird leichter. Es geht nicht um mich – es geht um etwas Größeres. Und dennoch darf ich Teil davon sein. Gott hat mich bewusst geplant für genau diese Zeit und diesen Ort, weil sein Plan sich auch dadurch entfaltet.

Dankbarkeit durchströmt mich, als mir bewusst wird, dass dieser große Gott mein liebender Vater ist, der sich uns Menschen zuneigt und uns ermöglicht, in einen Dialog mit ihm zu treten. Unser Leben wird sinnerfüllt, weil wir Teil eines großen sinnstiftenden Ganzen sein dürfen. Der Wind, der ebenfalls dem untersteht, „dem Wind und Wellen gehorchen", hat auf mich eine belebende Wirkung – so, als würde Gott seine Stärke und Freude in meine Richtung blasen. Immer wieder habe ich gespürt, dass mein Herz beim Rauschen von Wind und Wellen geradezu vor Dankbarkeit überfließt, und ich weiß plötzlich, dass Gott mir die Kraft und den Mut geben wird, die ich an genau dem Platz brauche, wohin er mich gerade gestellt hat – für die Aufgaben, die vielleicht nicht zu meinen Plänen passen, aber zu seinen.

„Denn ich weiß ja die Gedanken, die ich über euch
denke, spricht der Herr. Gedanken des Friedens
und nicht des Unglücks, um euch Zukunft und
Hoffnung zu gewähren." (Jeremia 29,11)

Gudrun Hübner

Sehnsucht zwischen Himmel & Erde

Ich war erschöpft. Ich hatte viel gearbeitet, musste mich an einem neuen Ort und in einer neuen Umgebung einfinden und hatte versucht, zeitlich und kräftemäßig einigermaßen über die Runden zu kommen. Als meine Urlaubszeit nahte, war nichts vorbereitet und geplant. Doch in mir stieg ein Gedanke hoch, geboren aus einer unbestimmten Sehnsucht: Ab auf die Insel! Dahin, wo alle Verbindung mit dem Festland – und dadurch mit meinem Alltag – gekappt ist.

Noch nie zuvor war ich auf einer Nordseeinsel gewesen. Jetzt stand ich am frühen Abend im Hafen von Juist, ließ mich und meinen Koffer mit der Pferdekutsche zur Unterkunft bringen und machte mich dann auf den Weg zum offenen Meer. Nur noch ein paar Schritte auf dem Bohlenpfad zum Strand. Was ich in dem Moment sah, als ich den höchsten Punkt der Düne erreicht hatte und sich der Blick auf das Meer öffnete, verschlug mir fast den Atem. Der Anblick von Schönheit, Weite und Himmel überwältigte mich! Ich stand da, umweht von einer wohltuenden Frische, umgeben vom Rauschen von Wellen und Wind. Mir war, als stände ich am Saum einer anderen Welt.

Auf so viel Schönheit war ich nicht vorbereitet! Und auch nicht darauf, dass in diesem Moment die Natur für mich wie ein dünner Schleier war, durch den mich etwas anwehte: das Wissen, dass es hinter dieser Welt etwas gibt, was unseren Augen oft verborgen ist. Etwas Schönes, Heilendes und Gutes.

Dieses Empfinden war für mich wie ein liebevolles Willkommensgeschenk von Gott. Er schien mir dadurch zu sagen, dass ich hier an dem Ort angekommen war, wo ich für ein paar Tage Entspannung finden sollte. Und gleichzeitig wurde mir bewusst, dass er durch so vieles in dieser Welt zu uns reden kann. Und reden will. Auch durch die Sehnsucht, die uns zu solchen Momenten führt, oder die in ihnen aufsteigen kann. Sie ist wie eine leise Sprache zwischen Himmel und Erde. Und nicht nur Menschen, die an Gott glauben, werden davon angerührt.

Sabine Bockel

Die Sehnsucht nach dem Meer

Wenn du ein Schiff bauen willst, so trommle nicht
Leute zusammen, um Holz zu beschaffen,
Werkzeuge vorzubereiten, Aufgaben zu vergeben
und die Arbeit einzuteilen, sondern wecke in ihnen
die Sehnsucht nach dem weiten, endlosen Meer.

Antoine de Saint-Exupéry

Die Hochzeit am Meer

Sie wollten von Anfang an keine traditionelle Hochzeit. Keine Brautjungfern, keinen Hochzeitsmarsch, nichts von alledem. „Die alte Sprache und die alten Rituale und Bräuche sind zwar wunderschön", sagte unsere Tochter, „aber sie werden doch von Millionen von Menschen benutzt. Ken und ich möchten etwas ganz Eigenes." In einer kleinen Stadt wie unserer sind Traditionen wie silberne Ketten – hübsch zwar, aber trotzdem Fesseln. „Also gut", sagten wir ein wenig zweifelnd, „es ist eure Hochzeit. Wie wollt ihr sie dann feiern?" „Bei Sonnenuntergang", sagte Dana verträumt und schüttelte ihr langes blondes Haar zurück. „Am Strand, so nah wie möglich am Wasser. Mit einem Pfarrer, der versteht, was wir empfinden, und der ein paar Worte sagen kann, die ins zwanzigste Jahrhundert passen." Und ihre Mutter fragte sie natürlich: „Und was willst du tragen?" „Ein langes, weißes Kleid", sagte sie, „und dazu möchte ich einen Brautstrauß aus Strandhafer. Ich werde barfuß gehen, denn ich möchte den Sand unter meinen Füßen spüren. Ich weiß zwar auch nicht genau, warum, aber so will ich es."

Sie will am Strand heiraten, sagte ich mir, weil du ihr beigebracht hast, das Meer zu lieben. Irgendein tiefer Instinkt in ihr weiß, dass das Leben dort, wo Sand und Salzwasser aufeinandertreffen, auf ganz stille Art unglaubliche Botschaften aussendet. Sie folgt diesem Instinkt. Und recht hat sie!

Ich freute mich darüber, aber eine leise, seltsame Vorahnung schien das Vergnügen zu trüben. Das hatte nichts mit Ken zu tun – er war ein feiner Kerl, stark und groß, mit der sportlichen Anmut eines Surfers und einer hoffnungsvollen Laufbahn als Lehrer vor sich. Diese Vorahnung war nicht greifbar, wirklich nicht. Du hast Angst, sagte ich schließlich irgendwann zu mir selbst, das ist alles. Angst davor, dass etwas sehr Wichtiges in deinem Leben zu Ende geht. Angst, dass vielleicht eine lieb gewordene Nähe verloren geht. Du kannst dieses Gefühl zwar überspielen oder es sogar leugnen, aber du wirst es nicht ganz verdrängen können. Es sitzt zu tief für den Verstand – und zu tief für Worte. „Bitte sorgt dafür, dass die Flut zum festgesetzten Termin besonders nah ist, ja?", sagte Dana lächelnd und verabschiedete sich mit einer lockeren Umarmung von uns. „Und kein Gewitter bitte."

„Also, für diese Angelegenheiten bin ich zwar eigentlich nicht zuständig", sagte ich zu ihr. „Aber wir werden tun, was wir können."

Und dann war es so weit. Wir – Freunde, Nachbarn, Verwandte – hatten uns in einem kleinen Natur-Amphitheater, das aus Dünensand errichtet worden war, zusammengefunden. Hinter uns schleuderte die untergehende Sonne bernsteinfarbene Lichtspeere aufs Wasser. Vor uns brandete das eifersüchtige Meer elfenbein-, gold- und jadefarben. Der junge Pfarrer stand vor uns, sein Talar flatterte im Wind, und die

Schaumkronen auf den Wellen berührten beinah seine Fersen. Er musste sehr laut sprechen, um das Tosen der Brandung zu übertönen. „Freunde, wir sind heute hier zusammengekommen, um gemeinsam mit Ken und Dana einen sehr wichtigen Augenblick ihres Lebens zu erleben. An einem Ort wie diesem hier haben sie sich kennen- und lieben gelernt. Jetzt haben sie beschlossen, als Ehepartner miteinander zu leben. An einem Ort wie diesem …" Ich merkte, wie sich in meinem Kopf Bilder formten und wieder auflösten. Es war Jahre her.

Genau hier, an dieser Stelle, hatte das ablaufende Wasser in einer Senke einen kleinen Tümpel hinterlassen. Die Dreijährige spielte gerade noch am Rand der Senke und im nächsten Augenblick – unglaublich – war sie verschwunden. Und dann folgte das langsame Begreifen, was passiert war. Mein Herz blieb fast stehen, dann der panische Sprung in das Wasser, um die kleine Gestalt mit einem festen Griff wieder nach oben ins Sonnenlicht heraufzuholen; die überwältigende Erleichterung darüber, dass sie sich an das erinnert hatte, was ihr beigebracht worden war, nämlich unter Wasser die Luft anzuhalten. Sie öffnete ihre großen grauen Augen und die kleine vorwurfsvolle Stimme sagte: „Wieso bist du denn nicht früher gekommen? Es ist da unten so dunkel und sprudelig!"

Oder Jahre später, sie war damals vielleicht elf oder zwölf, der Tag, an dem wir dort am Strand einen alten Pelikan gefunden hatten, krank und am ganzen Körper zitternd. Es war nichts mehr zu machen. Wir mussten mit ansehen, wie er starb. Und ich sah, was diese erste bewusste Begegnung mit dem Tod in ihr auslöste. Es war der bohrende Schmerz des Mitleidens, der auf die junge und ungeschützte Seele traf. „Ach", sagte sie schließlich unter Tränen und verzweifelt auf der Suche nach etwas, das ihren Schmerz lindern könnte, „da bin ich aber wirklich froh, dass wir ihn nicht so gut gekannt haben."

Und dann, noch später, die goldenen Nachmittage, an denen sie losging und ganz ernsthaft sagte, sie müsse mit dem Hund raus. Dabei war uns und auch ihr selbst völlig klar, dass sie hoffte, dort am Strand Ken beim Surfen anzutreffen. Damals hatte er sie kaum wahrgenommen, aber sie saß einfach auf einer Düne, die Knie mit den Armen umschlungen, mit einem Herzen voller Sehnsucht und Liebe, den Deutschen Schäferhund regungslos wie eine Statue neben sich sitzend.

An einem Ort wie diesem ... Wieso rauscht die Zeit nur so schnell vorbei?, fragte ich mich. Wieso bleibt nichts, wie es war? Die ruhige Stimme des jungen Pfarrers fuhr fort: „Wir haben euch eingeladen, dabei zu sein, wenn Ken und Dana sich gegenseitig versprechen, die Zukunft gemeinsam anzugehen und dabei alles anzunehmen, was an Frohem und Traurigem vor ihnen liegt. Sie haben sich dazu diese Umgebung nicht zufällig ausgesucht. Wer das Meer liebt, hört den Herzschlag der Schöpfung darin, wenn die Flut kommt und wieder geht; wenn die Sonne auf- und wieder untergeht und wenn abends die Sterne am Himmel erstrahlen. Wir sind dankbar für all die Schönheit, von der wir hier umgeben sind, für die Kraft, die wir dadurch bekommen, für den Frieden, der uns dadurch geschenkt wird." Ja, dachte ich, die Schönheit gibt wirklich Kraft. Um Beständigkeit zu erlangen, brauchen wir nichts anderes zu tun, als solche Orte aufzusuchen, an denen große, elementare Dinge geschehen. Für manche ist das eben das Meer, für andere wiederum sind es die Berge, die dem Psalmisten Anlass gaben zu schreiben: „Ich hebe meine Augen auf zu den Bergen …"

Jetzt wurde das junge Paar direkt angesprochen: „Dana und Ken, nichts ist leichter, als Worte zu sagen. Doch nichts ist schwerer, als das Gesagte dann auch Tag für Tag zu leben. Was ihr heute versprecht, muss morgen und jeden neuen Tag, der vor euch liegt, bestätigt und von Neuem entschieden werden. Am Ende dieser Trauzeremonie werdet ihr vor dem Gesetz Mann und Frau sein, aber ihr müsst trotzdem jeden Tag wieder neu beschließen, dass ihr verheiratet bleiben wollt."

Der junge Pfarrer sagte liebevoll: „Wir wissen alle, dass ihr euch sehr liebt. Aber was ist Liebe, einmal abgesehen von der Wärme und dem Strahlen, der Erregung und Romantik? Wahre Liebe heißt, sich um das Wohl und das Glück des Ehepartners genauso zu sorgen wie um das eigene. Wahre Liebe ist nicht besitzergreifend oder eifersüchtig; sie ist befreiend; sie befreit dazu, ganz und gar man selbst zu werden, und sie bringt das Beste in uns hervor. Wahre Liebe bedeutet nicht, ganz und gar im anderen aufzugehen, sondern sie bedeutet, gemeinsam in dieselbe Richtung zu schauen. Liebe macht die Lasten leichter, weil sie die Lasten teilt. Sie macht die Freuden intensiver, weil man sie miteinander teilt. Sie macht uns Menschen stärker, sodass wir auf andere zugehen und am Leben teilhaben können – auf eine Weise, wie man es sich allein wohl nicht trauen würde." Jetzt war es Zeit für die entscheidenden Fragen, und die Sprache, in der das geschah, gehörte wirklich ins 20. Jahrhundert. Beide bestätigten ihren Willen mit einem kräftigen „Ja!"

Einen Moment lang schien völlige Windstille zu herrschen, und der wogende Strandhafer um uns her schien zu erstarren. Ich sah, dass Danas Hand zitterte, als sie sie in Kens legte und auf das uralte Symbol der Treue und Liebe wartete. „Ich gebe dir diesen Ring", sagte Ken. „Trage ihn mit Liebe und Freude. Ich habe dich zu meiner Frau erwählt, für heute und jeden Tag, der noch kommt." „Ich nehme diesen Ring", sagte unser Kind mit ganz leiser Stimme – aber der Stimme einer erwachsenen Frau. „Ich werde ihn mit Liebe und Freude tragen. Ich habe dich als meinen Mann erwählt, für heute und jeden Tag, der noch kommt."

Dann herrschte Schweigen. Niemand rührte sich. Die Gesichter der Anwesenden waren berührt von etwas Undefinierbarem, einer Art Zeitlosigkeit, dem Gefühl, dass sich hier das Leben selbst erfüllte und dann weiterging. Vielleicht beginnt so alles, was von Bedeutung ist, dachte ich. Keine Gewissheit. Keine Garantien. Nur eine Entscheidung, eine Absicht, ein Versprechen, eine Hoffnung … Der Pfarrer umfasste die ineinandergelegten Hände des Brautpaares. „Ken und Dana, wir haben euer Versprechen gehört, euer Leben in der Ehe zu teilen. Wir erkennen den Bund an, den ihr geschlossen habt, und respektieren ihn. Nicht der Pfarrer, der hier vor euch steht, macht eure Ehe real, sondern die Aufrichtigkeit und Verbindlichkeit der Worte, die ihr hier vor euren Freunden und Eltern und vor Gott gesagt habt. Im Namen aller hier Anwesenden nehme ich eure Hände und bestätige, dass ihr jetzt Mann und Frau seid." Er lächelte und ließ ihre Hände wieder los. „Jetzt ist die Zeremonie zu Ende, und die Erfahrung, euren Alltag als Ehepaar zu leben, liegt vor euch. Geht es mit Freude an. Liebt das Leben, damit das Leben euch liebt. Der Segen Gottes sei mit euch. Amen." So sei es, dachte ich und sah zu, wie Dana ihren Mann küsste und sich dann umdrehte, um ihre Mutter zu umarmen. „So sei es!", verkündeten alle Umarmungen und jedes Händeschütteln, jedes aufgeregte Lachen und jede Träne, die geweint wurde. „So sei es", murmelten der Wind und die Wellen. Und als ich noch einmal den Befürchtungen, die ich gehabt hatte, nachspüren wollte, waren sie nicht mehr da.

Arthur Gordon

So wie ein Ozean

Von diesen Quellen will ich trinken,
von diesem Wasser lebe ich.
In diesem Meer will ich versinken,
von allen Seiten umgibst Du mich.

Denn alles Leben kommt von dir und fließt zurück
zu dem, der ewig bleibt und alles für mich ist.
So wie ein Ozean, so weit, so tief, so mächtig.
So wie ein Ozean, deine Liebe ist unendlich.

In deine Tiefen will ich dringen,
auf deinem Grund, da will ich stehn.
Auf deinen Wellen will ich ruhen,
den Himmel weit geöffnet sehen.

Lothar Kosse

Die Freude des Meeres

Möge die Erleichterung des Lachens
in deiner Seele aufsteigen
wie die Freude des Meeres,
das an das Ufer zurückkehrt.

John O'Donohue

Multikulturell

Er schreibt Literatur im großen Stil – durch sein Wort hat er das Meer erschaffen. Er kombiniert mit sicherer Hand Pastelltöne am Strand und knallige Farbeffekte in den Tiefen der Meere. Als Bildhauer formt, hämmert, bröselt und schleift er geduldig skurrile Gesteinsformationen und Fels zu Sand. Er kombiniert Klang-Sinfonien mit dem Rauschen der Wellen, dem Gurgeln der Priele, dem Flüstern des Windes, dem Heulen des Sturmes und dem Röhren der Wale unter Wasser.

Gott ist ein Tänzer! Er führt den Wind beim Tango über das Meer wie ein leidenschaftlicher Liebhaber seine Geliebte, er lässt Delfine über dem Wasser tanzen wie Primaballerinen auf ihren Fußspitzen und bunte Fischschwärme mit traumtänzerischer Sicherheit durch die Tiefen flitzen; er legt sich mit den Möwen in die unsichtbare Thermik der Lüfte und schwebt.

Gott hat ein Faible für große Auftritte. Zu den Rhythmen von Ebbe und Flut entwirft er dramatische Wolken-Choreografien und dekoriert die Küsten mit Treibgut, Muscheln und Algen. Ehre, wem Ehre gebührt! Blitz und Donner zollen ihm Anerkennung mit lautem Applaus, die Dünen geben Standing Ovations mit wiegendem Riedgras, der Regenbogen verneigt sich tief vor dem Schöpfer des Alls. Im Gold der Morgensonne öffnen sich die Küstenblumen als Brautstrauß.

Bianka Bleier

Staunen

Die Menschen machen weite Reisen, um zu staunen: über die Höhe der Berge, über riesige Wellen des Meeres, über die Länge der Flüsse, über die Weite des Ozeans und über die Kreisbewegung der Sterne. An sich selbst aber gehen sie vorbei, ohne zu staunen.

Augustinus (vor 1500 Jahren!)

Am Strand

In diesem Sommer mache ich nur verrückte Tagestouren. Neulich zum Beispiel mit ein paar Freunden nach Holland, um einfach einen ganzen Tag am Strand zu verbringen. Kirsten hatte den Bulli von ihrem Freund ausgeliehen, und schon morgens um zehn saßen wir in einem Beach-Club. Sonne, Wind, Frühstücksbuffet … herrlich. Dann sind wir am Strand entlangspaziert. Ich liebe das, wenn man so weit gucken kann. Im Sand, vor unseren Füßen, waren lauter Fußspuren. Und alle paar Meter hatte irgendjemand etwas geschrieben: „Tobi war hier", und dazu ein paar extra tiefe Fußabdrücke. „Mark und Birthe" in einem riesigen Herz. Dann ein ganzer Satz: „Du stellst meine Füße auf weiten Raum", darunter noch „Psalm 31". Verrückt. Ein Bibelzitat am Strand. „Guck mal, das waren bestimmt Mark und Birthe", sagt Kirsten auf einmal. Da waren Fußspuren von einem Pärchen, ganz eng beieinander. Wir schauen weiter: Da vorn hat wohl jemand was gesucht. Der ist kreuz und quer gegangen. Wir machen uns einen Spaß draus: Eine geht vor und die andern versuchen, genau in ihren Fußspuren zu laufen. Aber das geht gar nicht, man kommt sofort ins Stolpern. Wir lachen. Ich überlege. Ist vielleicht gut zu wissen: Niemand kann wirklich in die Fußstapfen eines anderen treten. Wir können höchstens miteinander, nebeneinander gehen, aber eben jeder in seiner eigenen Spur. Später gucke ich allein aufs Meer und denke über den Vers nach. „Gott, du stellst meine Füße auf weiten Raum." Ein toller Satz. Das gibt mir ein Gefühl von Freiheit. Und wer weiß, wo es nach den Ferien hingeht. Jedenfalls werde ich meinen Weg machen. Ich hab Vertrauen.

Titus Reinmuth

Ruhe

Herr, du bist meine Insel. In deinem Schoß bin ich geborgen. Du bist die Ruhe im Sturm.
In diesem Frieden kann ich ruhen. Du bist in den Wellen, die auf die Küste rollen und die Steine zum Glitzern bringen. Dieses Meeresrauschen ist meine Hymne.
Du bist das Lied der Vögel. Ihre Melodie singe ich.
Du bist die See, die gewaltig auf den Felsen prallt.
Ich preise dich in deiner Kraft.
Du bist der Ozean, der mein Wesen wie das Wasser umspielt. In dir verweile ich.

Columcille (Irischer Missionar und Gründer des Klosters auf der Insel Iona)

Souvenirs

In der milden Luft liegt ein Hauch von Hibiskusduft und die Wolken schirmen mich vor den sengenden Strahlen der Sonne ab. Ich binde die Schnürsenkel meiner Schuhe zu und entferne mich für den Rest des Tages glücklich von Sand und Brandung in Richtung des kleinen Städtchens.

Schon bald gehen die tröstenden Klänge des Ozeans über in den Lärm des örtlichen Straßenverkehrs. An der nächsten Straßenecke entdecke ich einen Souvenirshop, der auch Kinderartikel zu haben scheint. Ein riesiges aufgerissenes Haifischmaul grinst mir entgegen.

Ich muss lächeln bei der Erinnerung an Sommerferien, als meine Kinder klein waren. Beim Näherkommen verspüre ich eine nostalgische Sehnsucht, die mich zu dem grellbunten Schlund zieht, den die Haifischzähne bewachen.

Im Inneren des Ladens begrüßt mich eine Schar lebensgroßer Flamingos aus Metall. Daneben zahllose Körbe mit Massenware, alles Schnickschnack – Magnete, Tassen, Meerjungfrauen, Schlüsselanhänger, aufblasbare Palmen und T-Shirts.

Überteuerte Andenken, die nicht lange halten oder rasch vergessen sind oder in irgendeiner Schublade verschwinden. Ich greife zu einer Plastikschneekugel mit einem Weihnachtsmann im Schlitten, schüttele sie und sehe zu, wie die glitzernden Flocken umherwirbeln.

Ich kann mich nicht entscheiden: Soll ich lachen oder weinen angesichts all dieser unnützen Dinge? Warum glauben wir, wir bräuchten billigst erzeugten Kitsch, um uns an besondere Momente unseres Lebens zu erinnern?

Erinnerungen an frühere Strandurlaube spulen sich in meinem Kopf ab wie alte 8-Millimeter-Filme. Da war der Sommer, an dem ich Silberdollars im Sand vergrub, nach denen die Kinder dann suchen sollten – allerdings nur unter Zuhilfenahme ihrer Füße. Ich denke an ruhige Auszeiten mit meinem Mann an unserem abgelegenen Lieblingsstrand – da waren die Kinder schon groß. Und erst vor Kurzem stand ich Hand in Hand mit meinen Enkelkindern in den Wellen, und wir genossen es, hineinzuspringen.

Solche Erinnerungen sind Gottesgeschenke. Ich erlebe jede einzelne Szene noch einmal in Gedanken und verkoste die Freude, die darin lag.

Ich halte es aber für recht, solange ich in diesem Zelt bin, euch durch Erinnerung aufzuwecken (2. Petrus 1,13; ELB).

In der Geschäftigkeit des Alltags vergesse ich nur allzu rasch, wie treu Gott mir all die Jahre zur Seite gestanden hat. Aber diese Stranderinnerungen sind kostbare Schätze, die mich an Familie, Liebe und Lachen denken lassen.

Nach dem Abendessen gehe ich noch einmal zurück an den Strand – ohne eine Tasche voller Krimskrams. Heute möchte ich keine Souvenirs sammeln, sondern Erinnerungen. Denn Erinnerungen sind schließlich die besten Souvenirs.

Missy Buchanan

Die Steine von Stenbjerg

Ich liebe das Meer! Seit über 30 Jahren fahre ich regelmäßig in meinem Urlaub nach Dänemark, in unterschiedlichste Orte und Gegenden, aber immer an die Nordsee. Ich liebe es, den Wind auf dem Gesicht und in den Haaren zu spüren, die Feuchtigkeit und das Salz in der Luft zu schmecken, wenn ich über meine Lippen lecke, und die Meeresluft zu riechen! Plötzlich kann ich viel freier durch die Nase atmen und auch meine Lungen nehmen die salzige Luft wohltuend in vollen Zügen auf!

Seit einigen Jahren bevorzuge ich die Insel Römö als Urlaubsziel. Von Flensburg nur eineinhalb Stunden entfernt, nördlich von Sylt gelegen und doch so anders als die deutsche Promi-Insel!

Vor einigen Jahren hatte ich ein Ferienhaus in Agger gemietet und unternahm von dort aus verschiedene Ausflüge. Da ich noch kein Navigationsgerät im Auto hatte, orientierte ich mich an der Landkarte und suchte mir eine besonders schöne Strecke aus: Am Limfjord entlang nach Thisted und von dort aus einfach nordwärts; irgendwann bog ich wieder Richtung Süden ab und setzte mit einer kleinen Auto-Fähre auf die Insel Mors über.

Mors ist sehr fruchtbar und hat schöne dunkle Ackerböden. Auf meiner Karte entdeckte ich, dass es dort eine – für dänische Verhältnisse – sehr hohe Klippe namens „Hanklit" gibt, von der man eine tolle Aussicht haben soll. Ich wagte mich den steilen Berg hinauf und wurde tatsächlich mit einem fantastischen Panorama über den Fjord und hinüber zur Stadt Thisted belohnt.

Auf dem Rückweg entdeckte ich auf der Karte einen kleinen Ort auf der Nordsee-Seite: Stenbjerg, fast auf meiner Strecke zurück zum Ferienhaus gelegen. Ich beschloss, diesen kleinen Umweg zu machen, und fuhr nach Stenbjerg, um zum Abschluss meines Ausfluges noch einmal direkt ans Wasser zu kommen. Was ich dann sah, überwältigte mich fast!

Die kleine geteerte Straße führte frontal aufs Meer zu, und es kam mir vor, als würde ich über die vor mir liegende Kuppe direkt ins Wasser fahren. Links und rechts gab es kleine, weiße Fischerhäuser, die in der Sonne leuchteten. Und vor mir sah ich nur noch die hohen, weißen, schäumenden Wellen auf dem blauen Wasser, die aussahen, als wollten sie mich gleich überrollen.

Ich fand einen Parkplatz vor einem der Fischerhäuser und ging zu Fuß zum Strand. Kein Mensch begegnete mir. Es stellte sich heraus, dass der Strand breiter war, als ich vermutet hatte – mit feinem, hellem Sand.

Spontan entschied ich mich, nach links zu gehen, der Sonne entgegen. Ich zog die Schuhe aus und fühlte unter mir den warmen Sand, sah vor mir die Sonne, links die Dünenkette und rechts die mächtigen Wellen, die durch den kräftigen Wind an diesem Tag noch etwas höher tanzten als gewöhnlich. Das war purer Genuss! Ein Erlebnis, das sich tief in mein Gedächtnis geprägt hat. Am liebsten wäre ich gar nicht mehr zurückgefahren!

Bei Spaziergängen am Strand liebe ich es, nach schönen Steinen im Sand Ausschau zu halten – dort in Stenbjerg gibt es eher Steine als Muscheln – und einige „Bonbonsteine" mitzunehmen. So nenne ich Steine, die – rund und glatt gespült vom Meerwasser – aussehen wie Bonbons.

Aber am schönsten ist es, allein am Strand zu laufen, nachzudenken und zu beten. Wenn sonst kein Mensch da ist, kann ich das auch richtig laut machen! Dann kommt ein kräftiges „Danke, Herr, für deine Schöpfung und dass ich das erleben darf" über meine Lippen. Hinterher fühle ich mich erfrischt und gestärkt.

Wenn ich wieder zuhause bin, mir meine „Bonbonsteine" anschaue und immer ein wenig sehnsuchtsvoll an Strand und Meer denke, fällt mir regelmäßig der Besuch am Strand von Stenbjerg ein, und ich wünsche mich dorthin zurück. Allein der Gedanke daran ist für mich eine kleine, erholsame Auszeit! Und bedeutet Vorfreude auf den nächsten Urlaub in Dänemark!

Esther Becker

Wenn Steine sprechen

Ich wünsche mir Regen! Ja, richtig gelesen. So ein erfrischendes Nass von oben und ich bräuchte die Balkonpflanzen mal nicht zu gießen. Scherz beiseite. Die Lage ist ernst. Die lange Trockenperiode und extreme Hitze haben dazu geführt, dass in Rom das Wasser rationiert werden musste. Bei einer Stadt dieser Größenordnung und Millionen von Touristen ist das keine leichte Entscheidung.

Regen ist zwar keiner in Sicht, dafür weht ein heftiger Wind. Baden ist heute nicht angesagt. Warnend weht die rote Flagge. Dafür eignet sich das Wetter hervorragend für einen ausgiebigen Strandspaziergang. Ich spüre den nassen, weichen Sand unter meinen Füßen, den Wind auf meiner Haut und beobachte alles, was sich mir so vor die Linse schiebt. Plötzlich richtet sich meine ganze Aufmerksamkeit auf die Steine, die in unterschiedlichen Größen und Formen vom Ufer ins Meer hineinreichen. In diesem Moment ergreift ein nie zuvor dagewesener Gedanke Besitz von mir. Bisher betrachtete ich Steine, die mir in den Weg gelegt wurden, eher als Hindernis. Etwas, über das ich hinübersteigen oder es aus dem Weg räumen muss. Etwas, das mich daran hindert, mein Ziel zu erreichen. Dazu kenne ich die bekannten Sprüche wie: „Mir legt jemand Steine in den Weg." oder „Mit Steinen, die dir in den Weg gelegt werden, baue eine Straße!" Im ersten Beispiel ist die Aussage eindeutig negativ. Im Zweiten soll das Negative ins Positive verwandelt werden. Und jetzt pass auf: Was ist, wenn es noch eine weitere Variante gibt? Eine, die viel mehr aussagt?

Plötzlich eröffnet sich mir eine ganz neue Sichtweise und Interpretation: Ich betrachte die Steine auf meinem Weg einfach als Hinweise oder Wegweiser – ohne sie zu bewerten.

Vielleicht bremsen sie mich genau in dem Moment aus. Halten mich davon ab, meinen eingeschlagenen Weg weiterzugehen. Tauchen aus einem bestimmten Grund auf. Geben Hinweise und lenken meine Aufmerksamkeit so auf etwas, was mir bis dahin verborgen war. Etwas, das jetzt zum Vorschein kommen soll. Möglicherweise bewahren sie mich vor einer Fehlentscheidung oder helfen mir, mich aus unguten Situationen zu befreien.

Spontan denke ich an die von mir vorzeitig beendeten „work-away"-Stationen, bei denen meine Arbeitskraft ausgenutzt wurde. Diese schwierigen Verhältnisse waren wie Steine auf meinem geplanten Weg, die mir letztlich zum Segen wurden. In den jeweiligen Situationen erkannte ich, welchen Verhaltensmustern ich folgte und dass ich so nicht weiter funktionieren will. Ebenso meine Erkrankung, als ich hier in Ostia ankam. Sie hat mich, ohne dass es mir zunächst bewusst war, in einen Ruhemodus gebracht und mich sogar vorbereitet auf die Lektion, die ich als nächstes lernen sollte. Dies wäre bei meinem Temperament und meiner Unternehmungslust im gesunden Zustand schier unmöglich gewesen. Durch die erzwungene Ruhe konnte ich die Erfahrung machen, wie sich der Zustand „Leben im HIER und JETZT" anfühlt: keine Erwartungen an mich zu stellen, jedem einzelnen Tag die Chance zu geben, der beste zu werden. Eben einzigartig.

Wenn ich nun Steine auf meinem Weg entdecke, dann hat sich meine Sichtweise verändert: Zunächst will ich sie wertungsfrei betrachten und wahrnehmen, ohne gleich in eine negative Gedankenspirale zu verfallen. So, wie die massigen Steine am Meeresufer an vielen Stellen als Schutzwall errichtet wurden, um die Wellen zu brechen und größeren Schaden zu verhindern, so können auch die Steine, die dir und mir begegnen, zu Schutzsteinen werden. Ich wünsche mir von nun an, all die Steine auf meinem Weg so betrachten zu können und mir die Frage zu stellen: „Auf was wollt ihr mich hinweisen oder vor was wollt ihr mich schützen?"

Beatrice Miguel

Schwarze Steine

Sie liegen da. Im Sand. Die schwarzen Steine. Das Meer hat sie hierher getragen. Glänzend liegen sie vor meinen nackten Füßen. Vorsichtig stupse ich sie an. Diese schwarzen Steine passen perfekt zu meiner schwarzen Stimmung.

Ich beuge mich zu den Steinen hinunter und strecke meine Hände nach ihnen aus, um sie aufzuheben. Eine kleine Meereswelle berührt meine Fingerspitzen, als ich die Steine einsammle. Zaghaft richte ich mich wieder auf, lasse meinen Blick über das weite, weite Meer wandern. Kleine Wolken sind am Himmel, Möwen fliegen über dem Wasser, sonst ist da nichts. Nur das Meer, bis zum Horizont.

Dann blicke ich auf meine Hand, in der die glänzenden schwarzen Steine immer noch liegen. Ich lächle. Endlich lächle ich.

Dann nehme ich den ersten Stein aus meiner linken Hand. Es ist der Stein, sage ich mir, der für meine Wut steht. Meine rechte Hand umfängt diesen Stein. Ich hole weit aus und dann werfe ich den Stein im großen Bogen in das weite, offene Meer. „Hier Gott, da ist meine Wut!" Das Gleiche mache ich mit meinem Zorn und meiner Enttäuschung. Auch die Angst und die Sorgen folgen.

Dann stehe ich mit leeren Händen am Meer. Alles ist an Gott abgegeben. Jedes einzelne Problem. Jetzt kümmert er sich. Endlich habe ich losgelassen!

Mit leichten Schritten laufe ich auf dem warmen, weichen Sand weiter. Die Wellen schlagen sanft an meine nackten Füße. Ich lache still vor mich hin. Dann schwingen meine Arme nach oben. Dabei drehe ich mich einmal um mich selbst vor Freude und strahle über das ganze Gesicht. Die Sonne und der blaue Himmel strahlen mit. Es kann so leicht sein!

Warum nur tue ich mich so schwer, loszulassen?

Simone Heintze

PS: Ich liebe dich! Dein Vater.

Schmerzen. Ich kann nicht schlafen. Mein Rücken tut weh. Sorgen. Ich kann nicht schlafen und wälze mich auf der unbequemen Matratze von einer Seite zur anderen. Was ist im Moment zu Hause los? Ich kann nicht loslassen. Was machen die erwachsenen Kinder, die gerade unsere sturmfreie Wohnung bevölkern? Die Nachbarin meldet sich auf meinem Handy. Sie ist beunruhigt über das Treiben nebenan und nun mache ich mir natürlich auch Sorgen ...

Urlaub. Eine Woche Urlaub auf der autofreien Ostseeinsel Hiddensee. Sehnsucht nach Ruhe. Und ich? Ich finde keinen Frieden. Nach dem Urlaub steht eine Behandlung mit starken Medikamenten an. Werde ich die vertragen? Werde ich endlich wieder gesund werden? Zweifel. Waren die Entscheidungen der letzten Monate und Jahre richtig?

Heute hat mein Mann Geburtstag. Ich quäle mich vorsichtig aus dem viel zu weichen Bett der kleinen Ferienwohnung, die direkt hinter den Dünen liegt. Es ist etwa fünf, halb sechs ... Die Sonne wird gleich aufgehen. Ich werde ihm einen Strauß Kartoffelrosen in den Dünen schneiden. Vorsichtig öffne ich die Bestecklade der winzigen Küche und stecke mir ein krummes Messerchen mit schwarzem Griff in einen verblichenen Stoffbeutel.

Ganz leise. Ganz leise verlasse ich die Wohnung. Sekunden später erblicke ich das erste purpurfarbene Rot am Himmel über den tiefen reetgedeckten Dächern, die sich hinter der Düne verstecken. Sonnenaufgang. Hinter mir braust das noch dunkle Meer und singt sein Morgenlied. Die Möwen schlafen auf den runden Hölzern der Buhne, die aus dem Wasser ragen. Fischerboote liegen wie kleine Walfische auf dem Bauch und ruhen sich noch aus. Ich halte mich am Geländer fest und steige die Treppe zum Strand hinab. Der Sand am Ufer ist glatt und grau. Noch kein Fußabdruck weit und breit. Ich bin der erste Mensch, der heute hier entlanggeht. Allein. Ich gehe und gehe.

Barfuß. Ich bin allein und die Tränen laufen mir übers Gesicht. Traurig. Ich bin so traurig. Es ist, als ob sich aller Schmerz, alle Enttäuschungen, die ich je erlebt habe, alle Ängste und Sorgen in diesem Augenblick Bahn brechen. Es ist, als ob ich ganz allein und verloren im Universum wäre.

„Herr, wo bist du?"

Über die Düne wandert der erste Strahl der aufgehenden Sonne und fällt genau vor meine Füße. Eine sanfte Welle zieht sich vorsichtig zurück und hinterlässt spiegelglatten feuchten Sand und ein Leuchten! Direkt vor meinen Füßen glitzert ein Stück Sonne. Nicht versteckt, nicht unter Seetang und Holzsplittern begraben, nicht im wilden Sturm nach oben gespült. Das Meer liegt ganz ruhig, es glitzert und schimmert und wiegt sich ganz sanft. Keine Wolke am Himmel ...

Fein säuberlich vom Meerwasser blankgeputzt liegt er vor mir – honigfarben und wunderschön – ein Bernstein! Sonnenblumengelb, geformt wie ein Tropfen, wie eine Träne, fast daumenlang. Was für eine Überraschung! Wie ein Gruß von meinem himmlischen Vater: „Mein Kind, du bist nicht allein. Schau doch, wie wunderbar ich dies alles um dich herum erschaffen habe. Genieße es! Und PS: „Ich liebe dich!"

Neue Tränen. Freudentränen dieses Mal. Vergeblich habe ich mir bisher immer gewünscht, einmal einen Bernstein zu finden, und stundenlang das Ufer und den Muschelschlick danach abgesucht. Einheimische erklärten mir, dass die Hauptzeit, Bernstein zu finden, bei drei bis vier Grad Wassertemperatur und nach Spätherbst- und Winterstürmen sei. Heute ist der erste September, es wird ein heißer Tag, fast windstill. Und ich finde, direkt vor meinen Füßen, ein so wunderschönes Exemplar. Ich lege den leuchtenden Stein in meine Hand und dann an meine Wange. Langsam wird er warm, wie meine Haut.

„Oh, Vater, ich danke dir! Vergib mir meine Traurigkeit. Ich will dir vertrauen. Wie schön hast du diesen Flecken Erde und das Meer erschaffen", bricht es aus mir heraus. Und: „Danke, dass du mir so eine große Freude gemacht hast!" Ich sehe den immer blauer werdenden Himmel, das Meer, das dessen Farbe langsam annimmt, die weißen, rosé- und magnolienfarbigen Heckenrosenblüten, schimmernde Hagebuttenperlen zwischen den orange gepunkteten Sanddornbüschen. Grünbraunes Dünengras, das sich in sanften Wellen wie ein eigenes Meer hin und her bewegt, einen Horizont, der im immer heller werdenden Licht unendlich erscheint. An der Hütte der Strandwache hängt eine Schiefertafel. Darauf steht mit weißer Kreide der Satz: „Was habe ich für ein wundervolles Leben. Ich wünschte, ich hätte es früher bemerkt."

Befreiung! Mit einem Lächeln im Gesicht schneide ich die stachligen Wildrosenzweige ab, die zarten Blüten duften wunderbar. Zurück in der Ferienwohnung richte ich leise den runden Küchentisch für den Geburtstag her. Das goldene Fundstück lege ich neben die Tasse, die ein Bild des großen Leuchtturms der Insel ziert und die mein Mann heute geschenkt bekommt. Als ich mit frischen Brötchen erneut die kleine Küche der Ferienwohnung betrete, hat das Geburtstagskind sich bereits ins kühle Nass gestürzt. Es beginnt ein wunderschönes Geburtstagsfest mitten im Urlaub. Mein Mann ahnt noch nichts: Später werden wir in einer romantischen Pferdekutsche die Dünenheide bewundern ... Ich freue mich so!

Keine Schmerzen mehr. Endlich kann ich loslassen.

Ich halte die Liebeserklärung meines himmlischen Vaters in Händen und zeige sie meinem erstaunten Mann.

Der Bernsteinkünstler von Vitte fertigt mir noch am selben Tag einen Anhänger daraus: „Wo haben Sie denn diesen wunderbaren Stein entdeckt? So ein Fund ist selten bei diesem Wetter und noch dazu am Badestrand!"

Ich lasse meinen Stein, mit einem zarten Band versehen, unbearbeitet. Nur ein feines Loch wird vorsichtig durch die schmalste Stelle des Tropfens gebohrt. Er soll so bleiben, wie ich ihn gefunden habe: nicht poliert und ungeschliffen – eine honiggelbe Träne. Aber auch ein Stück Sonne für mein Herz. Ein Trost, eine wunderbare Überraschung und eine Erinnerung. – „PS: Ich liebe dich! Dein Vater."

Maria Ebert

Vollkommene Bruchstücke

Psalm 147,3: „Er heilt die Menschen, deren Herzen zerbrochen sind, und verbindet ihre Wunden."

Meine kleine Nichte hatte zum Geburtstag das lang ersehnte ferngesteuerte Auto bekommen. Die Freude war groß! Im Eifer des Gefechts wurde das Spielzeug allerdings nicht so behandelt, wie es ihm gutgetan hätte, und nach kurzer Zeit war es fahruntüchtig. Ich hatte erwartet, dass es nun Tränen geben würde. Aber meine Nichte stellte nur gelassen fest: „Kaputt! Macht nichts. Papa repariert es wieder."

Wenn wir doch auch mit unseren inneren Bruchstellen so umgehen könnten. Ist das naiv? Wir wissen nur zu gut: Es gibt Risse im Leben, die sich nicht einfach so reparieren lassen; sie bleiben sichtbar im Kunstwerk Leben. Hat der Beter dieses Psalms also Unrecht?

Vielleicht können wir nicht zurückkehren zum fraglosen Vertrauen meiner Nichte. Aber ist das nicht der eigentliche Riss in unserem Herzen – dass wir Gott eben nicht mehr so kindlich vertrauen können; dass wir eher unsere Klagelieder anstimmen, als uns den Blick frei machen zu lassen für Gottes Freundlichkeit und Macht? Ich könnte mich anstecken lassen von der Perspektive dieses Psalms. Vers 3 steht ja im Zusammenhang eines gewaltigen Lobliedes auf Gott: auf seine

Macht in der Schöpfung und auf sein Handeln an seinem Volk. Loblieder singen – das führt uns heraus aus der Klage über die Wunden, die das Leben schlägt. Wir können Gott unser Herz hinhalten, mit allen Wunden, die wir vielleicht sorgfältig versteckt haben. Wunden verbinden, das will Gott – keine Fernheilung per Fingerschnippen. Das bedeutet Körperkontakt, bedeutet behutsame Nähe. In seiner Nähe können sie heilen, auch wenn nicht alle Risse unseres Lebens verschwinden.

An einem Sommerabend ging ich am Strand entlang. Überall dort, wo das Licht der untergehenden Sonne den Sand bestrahlte, von dem sich die letzte Welle gerade zurückzog, funkelten und blinkten Steine und Muscheln in einer überwältigenden Farbenpracht und vollkommenen Schönheit. Lange genoss ich das Spiel von Farben und Licht. Erst als ich mich bückte, um das eine und andere dieser glitzernden Kleinode aufzuheben, stellte ich fest, dass ich nur Bruchstücke vor mit hatte: zerbrochene Muscheln, Steinsplitter, Schalenreste – kaum einmal war eine unbeschädigte Muschel darunter. Und doch war in diesen Fragmenten etwas von der vollkommenen Schönheit sichtbar, die Gottes Schöpfung auszeichnet.

So möchte ich auch mein Leben verstehen: Es mag Brüche haben, Narben davontragen, vielleicht nur ein Fragment bleiben. Aber wenn es von Gottes Liebe durchstrahlt und in seiner Nähe getröstet worden ist, wird es selbst dann etwas von der Vollkommenheit ausdrücken, die Gott ihm zugedacht hat, und etwas von der Größe und Schönheit dieses Gottes widerspiegeln.

Renate Hübsch

Seegras

Heute Nachmittag ist der Ozean wie eine gespaltene Persönlichkeit. Das aufgewühlte Meer kann sich nicht entscheiden, ob es sich belebend blau oder grau wie ein Schlachtschiff präsentieren möchte. Wolken ziehen in rascher Folge am Himmel und tauchen die Landschaft in eine Kulisse aus wechselndem Sonnenlicht und Schatten.

Ich gehe am Strand entlang und halte mit einer Hand meinen Hut fest, damit er mir nicht vom Kopf weht. Nicht weit von der Stelle, an der der Strand endet und die Marschwiesen beginnen, bemerke ich Seegras auf dem ansonsten makellos weißen Strand.

Ich bewege mich vorsichtiger in der Hoffnung, dass ich die schleimigen Algen nicht unter meinen bloßen Füßen spüren muss.

Aber es dauert nicht lange, bis ich beschließe, umzudrehen und auf den Streifen meines gut gepflegten Paradieses zurückzukehren, wo Seegras, Algen und Schlick immer sorgfältig zusammengeharkt und entfernt werden. Dann fällt mir plötzlich etwas ein, was ich vor langer Zeit in der Schule gelernt habe: Die Welt braucht diese Pflanzen. Sie spenden Leben. Sie produzieren Sauerstoff. Sie sind notwendig für ein artenreiches Ökosystem. Ohne sie würden viele Lebewesen sterben.

Ich empfinde Gewissensbisse über meine selbstbezogene Haltung. Das Leben dreht sich nicht nur um mich! Es geht nicht nur um mein Vergnügen, meine Vorliebe oder meine Bequemlichkeit.

Handelt nicht aus Selbstsucht oder Eitelkeit! Seid bescheiden und achtet den Bruder oder die Schwester mehr als euch selbst. Denkt nicht an euren eigenen Vorteil, sondern an den der anderen, jeder und jede von euch! (Philipper 2,3–4; GNB)

Ich schaue zurück auf den Seetang am Ufer und erkenne darin eine Warnung für meine Lebensreise. Mit dem Älterwerden wird es Zeiten geben, in denen ich über die scheinbaren Unannehmlichkeiten, die das mit sich bringt, klagen möchte. Ungewollte Veränderungen werden das Leben, so wie ich es mir am liebsten vorstelle, aus der Bahn werfen.

Ich werde versucht sein zu denken, dass mein Alter mir doch das Recht gäbe, selbstbezogen und anspruchsvoll zu sein. Aber das stimmt nicht.

Die Wellen umspülen meine Knöchel und ich bleibe stehen und breite weit die Arme aus. Ich werfe den Kopf in den Nacken und atme tief durch – ohne Rücksicht darauf, ob mich jemand sieht.

Hier am Strand staune ich darüber, wie geschickt Gott etwas so Banales wie Seegras nutzt, um mir eine Lektion in Demut zukommen zu lassen.

Als ich Momente später meine Augen wieder öffne, fällt mir auf: Der Himmel ist jetzt viel heller und das Wasser unwahrscheinlich blau.

Manchmal ist die Brille, durch die wir das Leben betrachten, schadhaft, unvollständig oder einfach nur nicht mehr angemessen. Unsere Wahrnehmung kann die Realität verzerren und uns veranlassen, uns ständig selbst zu verteidigen. Lasst uns doch unsere Vorstellungen vom Älterwerden immer wieder infrage stellen und Gott erlauben, uns neue Einsichten und tieferes Verständnis zu schenken.

Missy Buchanan

Sei mein Kanu

O Jesus, sei mein Kanu, das mich über Wasser hält im Meer des Lebens. Sei das Ruder, das mir hilft, den Kurs zu halten. Sei mein Bootsausleger, der mich hält in stürmischen Zeiten der Versuchung. Lass deinen Geist mein Segel sein, das mich täglich trägt. Mach mich stark, damit ich sicher paddeln kann auf meiner Lebensreise.

Gebet aus Vanuatu / Ozeanien

Höher

Du sagst, wo die Sonne aufgeht,
du bestimmst den Lauf der Zeit,
zeigst der Dunkelheit die Grenzen
und du spannst den Himmel weit.
Du liebst den, der's nicht verdient hat,
hilfst dem Schwachen aufzustehn,
wählst den Tod für meine Rettung,
gibst mir Kraft, nach vorn zu sehn.
Es gibt keinen, der dir gleicht.
Du, mein Gott, bist
größer, höher, weiter als der Himmel
und deine Liebe ist tiefer als das Meer.
Und was du sagst, bleibt. Es bleibt für alle Zeit.
Darum halt ich fest an dir, dem Schöpfer der Welt.

Dominik Laim, Jennifer Pepper, Sarah Keim,
Zippora Schneider-Ulrich, Steffen Bodemer

Meeresrauschen mit Knacks

Unser Meeresrauschen hatte einen Knacks. Es stammte von einer Schallplatte mit Seemannsliedern. Ich war ungefähr sieben oder acht Jahre alt, als sie zu uns ins Haus kam. Ein Weihnachtsgeschenk. Wenn man den Tonarm aufsetzte, hörte man nicht gleich das erste Lied, sondern zunächst ein breites und tiefes Meeresrauschen. Wellen klatschten an den Strand, Möwen kreischten. Fernweh gepresst auf eine dunkle schwarze Scheibe, 30 cm im Durchmesser, verpackt in einer schmalen Papphülle und in einer weißen Schutzfolie. Auf dem Titelbild ein Dreimaster, der majestätisch den Wellen trotzte, wahrscheinlich die Gorch Fock, als sie noch seetüchtig war, oder wenigstens vorgab, es zu sein. Eine Einladung zum Davonträumen in der Mauerstadt Berlin der 1960er Jahre. Ich durfte den Plattenspieler schon alleine bedienen. Und so platzierte ich die Langspielplatte auf den grünen Kunststoffplattenteller, hob den Tonarm vorsichtig aus seiner Halterung, dann ein kleiner Schwenk nach rechts, es machte Klick, der Plattenteller fing an sich zu drehen, und nun setzte ich den Tonarm am Rand der Schallplatte auf. Die Schrift auf dem blauen Etikett in der Mitte kreiste, bildete einen Strudel und entfaltete fast so etwas wie eine hypnotische Wirkung auf mich. Es zog mich fort in eine andere Welt, weg vom staubigen Geruch des winterlichen Kachelofens durch die Mitte der Platte hinaus in die sommerliche Weite des Meeres. Es brandete, Möwen kreischten, wuchtige Wellen malträtierten den Strand. Ich sah das Meer vor meinen inneren Augen oder besser das, was ich für das Meer hielt. Denn ich war noch nie am echten Meer gewesen. Das einzige größere Gewässer, das ich kannte, war der Berliner Wannsee. Auch dort traf Wasser auf Land, aber nur in Form eines gemütlichen Schwappens: plitsch, Pause, platsch. Plitsch, Pause, platsch. Mehr war nicht, aber der Wannsee leistete doch sein Äußerstes, um den Menschen wenigstens ein kleines Spiel der Elemente zu bieten. Es roch genau genommen auch nicht nach Meer, sondern nach Bier und Bratwurst. Der Geruch stammte von den Ausflugsdampfern, die am Sonntagmorgen voll besetzt mit Ausflüglern den Wannsee durchpflügten.

Wenn man auf den Schiffen Platz nahm, musste man auf die Windrichtung achten, sonst bekam man den Geruch der Schiffsdieselwolke direkt in die Nase, in den 1960er Jahren ungefiltert und pechschwarz. Aber auch hier kreischten die Möwen wie auf der Schallplatte, als Süßwasservögel bei weitem gedrungener als ihre Artgenossen von der rauen See, aber immerhin doch genauso gierig und ständig bereit, im Sturzflug das Stück einer Berliner Schrippe zu ergattern, die gerade noch als Beilage für eine Wiener fungiert hatte.

Was wohl die echten und großen Möwen auf hoher See erbeuten würden? Ich konnte es mir nicht so recht vorstellen, sicher nicht nur ein Stück Brötchen, vielleicht sogar einen ganzen Fisch oder gar einen kompletten Seehund? Meine Phantasie arbeitete auf Hochtouren.

„Seemann, lass das träumen," schaltete sich eine energische und markante Frauenstimme in meine Überlegungen ein. Ich saß wieder neben dem Kachelofen in unserer Berliner Altbauwohnung. Die Nadel des Tonarms hatte das erste Lied auf der Schallplatte erreicht, und die pädagogische Mahnung der Sängerin waren tatsächlich die ersten Worte, die auf dieser Platte zu hören waren. Irgendwie verwirrend – sollte ich jetzt träumen oder nicht? Der einzige Seemann, den ich kannte, hieß Freddy Quinn. Er zierte die Hülle einer anderen Schallplatte, die im Besitz meines älteren Cousins war. Freddy trug eine Kapitänsmütze, eine dicke blaue Seemannsjacke und einen roten Rollkragenpullover und schaute souverän an der Kamera vorbei in ein unendliches Nichts, die sogenannte Ferne.

So wie Freddy wollte ich auch sein. Ich probierte genau den gleichen Blick vor dem Spiegel, zog die Augenbrauen zusammen und versuchte, markant in die Weite zu schauen. Freddy, so erfuhr ich weiter, sollte auf jeden Fall hinaus aufs weite Meer, das seine eigentliche Heimat war.

Immer wieder legte ich die Platte mit dem Meeresrauschen auf. Immer wieder trug es mich fort in eine andere Welt, die ich doch gar nicht kannte.

Eines Tages passierte das große Unglück. Ich war unachtsam, hatte beim Aufsetzen des Tonarms nicht aufgepasst, ihn zu weit innen platziert, nach dem Meeresrauschen, wollte ihn zurückholen an den Ausgangspunkt, aber statt ihn abzuheben, zog ich ihn über das Vinyl quer durch die Rillen. Mit verheerenden Folgen. Fortan hatte die Stelle mit dem Meeresrauschen einen dicken Kratzer. Und so gesellte sich zu den brandenden Wogen und den kreischenden Möwen ein fort-während KNACK, KNACK, KNACK. Ich hatte natürlich Angst. Was hatte ich angerichtet? Würde es jetzt statt Meeresbrandung ein dickes Donnerwetter geben?

Zu meiner Verblüffung machte meiner Mutter das alles wenig aus. „Ich kann dem ganzen Seemannszinnober sowieso nichts abgewinnen," meinte sie nur, „von mir aus soll es auf der ollen Platte knacksen, so oft es will."

Ich habe die Platte dann noch eine ganze Weile weitergehört. Irgendwann fiel das Knacksen gar nicht mehr auf. Mehr noch, es gehörte regelrecht dazu, war Teil meines Traumrituals geworden und gar nicht mehr wegzudenken, so wie einige Jahre später auch der zweite Satz von Beethovens 9. Symphonie einen Knacks bekam, weil ich diese Stelle einfach zu oft und zu gerne hören wollte. Und auch hier passierte das Gleiche. Zuerst hatte ich mich über die Maßen geärgert, war wütend auf mich selbst, wie mir diese Unachtsamkeit passieren konnte, aber mit der Zeit wurde der Knacks immer vertrauter und mehr noch, er wurde geradezu zum Unikat. Das Meeresrauschen, der aufgewühlte zweite Satz, bei mir auf meinem Plattenteller nur echt mit dem KNACK, KNACK, KNACK.

Schallplatten gibt es im gängigen Musikalltag schon lange nicht mehr, dafür ruckelt die Musik ab und zu, wenn die Internetverbindung zum Provider nicht nachkommt. Das finde ich fast schade.

Denn irgendwann habe ich gelernt, dass die Japaner den Sprung in einer Tasse vergolden. Sie beschweren sich nicht über den Makel, sondern betonen ihn sogar, weil dieser

Sprung ganz individuell und einzigartig nur in dieser einen Tasse so zu finden ist – wie die Knackse auf meinen Schallplatten damals.

Das Leben ist nicht perfekt, das Leben ist brüchig. Selbst unsere Träume sind anfällig für Brüche von außen. Auch wenn wir uns die größte Mühe geben – irgendwann kommt es zum Sprung, irgendwann kommt es zum Knacks. Nicht gewollt, nicht absichtlich herbeigeführt, sondern fast unausweichlich, durch irgendeine Unachtsamkeit, durch irgendeine Nachlässigkeit. Eine Nadel ratscht über eine Schallplatte, ein scharfkantiger Gegenstand zerkratzt den Lack eines Autos, eine Tasse flutscht aus den Händen und bekommt beim Aufprall auf dem harten Boden der Tatsachen einen Sprung. Die Wirklichkeit durchbricht den schönen Schein.

Natürlich ist es schöner, wenn eine Tasse keinen Sprung hat und eine Schallplatte keinen Knacks. Aber wenn es dann so ist, kann ich mich entweder ärgern oder wenigstens mit der Zeit akzeptieren lernen, dass es so ist, wie es ist. Und mehr noch: Manchmal liebe ich die Dinge gerade deshalb. Knacks und Sprung erzählen mir eine Geschichte, berichten vom rauen Leben, wie die Narbe oder die Falten in einem Gesicht.

Als Christ weiß ich mich bei einem Gott aufgehoben, der sehr wohl seine Maßstäbe hat, genaue Maßstäbe sogar, der am Ende aber die große Größe hat zu sagen: Es ist, wie es ist; du kennst meine Haltung dazu – aber komm, Junge, lass dir an meiner Gnade genügen, die Vergangenheit hat ihren Teil und ihre Zeit, jetzt aber wird ein neues Kapitel aufgeschlagen.

Später war ich als Jugendlicher und Erwachsener natürlich wirklich am Meer. Ostsee (ja, auch die zählt), Mittelmeer, Nordsee, Atlantik. Ich genieße das. Als Familie haben wir das Meer immer wieder als Urlaubsziel angesteuert. Die Brandung brandet, die Möwen kreischen, die Gischt spritz. Und wenn ich dann die Augen schließe, dann höre ich plötzlich ein leises, wiederkehrendes Knacksen. Es ist mir vertraut, es gehört zu mir. Und das ist gut so. Ich will es nicht missen.

Andreas Odrich

Jede Welle erzählt

„In diesem großen alten blauen Meer erzählt jede Welle eine Geschichte." Es ist lange her, seit Bob mir das sagte – mit einer Stimme, die Wind und Wasser rau gemacht hatten. Ich erinnere mich, wie ich als kleines Mädchen lachte und versuchte, die Wellen zu zählen, bevor sie wieder verschwanden. „Unmöglich!", dachte ich – damals. Heute denke ich: „Wenn es nicht geht, dann nur deshalb, weil sie zu kostbar sind, diese Geschichten, um sie alle zu erfassen. Wunderbar unmöglich."

Amanda Dykes

Boote und Bootsanhängsel

Der Kapitän reicht mir die Hand, um mich zu stützen, als ich vom Kai auf den glänzenden Katamaran trete, und hilft mir so, auf dem schwankenden Boot mein Gleichgewicht zu bewahren. Die prachtvolle Kulisse aus Himmel und Meer könnte ein Postkartenmotiv abgeben.

Bald gleitet das Boot mühelos durchs Wasser und eine leichte Gischt weht mir ins Gesicht. Das Abendlicht verblasst allmählich. Ich lehne mich zurück und nehme die Szene in mich auf, in der die schwächer werdenden Sonnenstrahlen auf den Wellen tanzen. Mit einer letzten spektakulären Verneigung versinkt die Sonne jetzt im tiefen blauen Wasser, und der Kapitän lässt einen langgezogenen Signalton aus einem Muschelhorn ertönen – eine Tradition und ein Zeichen der Dankbarkeit, mit denen man das Ende des Tages begeht.

Dies ist der Tag, den der Herr macht.
Lasst uns freuen und fröhlich an ihm sein.
(Psalm 118,24; LUT)

Zurück am Kai vertäuen Kapitän und Steuermann das Boot. Mir fällt ein anderes Boot neben uns auf, das auffällig tief im Wasser liegt. Selbst im schwindenden Tageslicht kann ich erkennen, dass es nicht gut in Schuss ist. Verkrustungen, erklärt der Kapitän mit erkennbarer Missbilligung. Kleine Schalentiere, die sich am Rumpf des Bootes festgesetzt haben und es mit der Zeit schwer machen wie Betonblöcke. Ohne die mühsame Arbeit, diese Verkrustungen aus Muschelkalk zu entfernen, wird das Boot manövrierunfähig bleiben.

Deshalb, ihr jungen Leute, hört auf mich!
Wie glücklich sind alle, die mir folgen!
Schlagt meine Unterweisung nicht in den Wind,
hört darauf und werdet klug! (Sprüche 8,32–33)

In einem Moment seltener Klarheit frage ich mich: Was habe ich in meinem Leben an Ballast anwachsen lassen, der mich nach unten zieht?

Ich lausche auf das melodische Schwappen des Wassers gegen die Schiffswand und sinniere über den Zustand meiner Seele.

Beim Rückweg über den Kai drehe ich mich noch einmal um und werfe einen letzten Blick auf das mit Verkrustungen beladene Boot. Was oder wen habe ich vernachlässigt?, frage ich mich.

Kann ich zulassen, dass Gott meine unguten Gewohnheiten und negativen Herzenshaltungen „abschabt"? Wie kann die Last meiner Seele durch Vergebung und Annahme erleichtert werden?

Ich kann dieses Leben nicht gut bis zum Ende leben, wenn die Verkrustungen des Lebens mich runterziehen. Inmitten der Fragen und der hereinbrechenden Dunkelheit spüre ich, wie mich plötzlich Friede erfüllt.

Ich weiß: Derjenige, der mich reinigt, ist kein zorniger Diktator, sondern ein mitfühlender Vater, dessen Liebe keine Grenzen kennt.

Jede Veränderung auf unserem Lebensweg erfordert Anpassungen, und indem wir uns darauf konzentrieren, können wir leicht vergessen, uns um unsere geistliche Gesundheit zu kümmern. Emotionalen Ballast und schädliche Vorstellungen, die wir im Lauf der Jahre erworben haben, loszulassen, ist nicht einfach. Aber wir können Gott um Hilfe bitten, dass wir erkennen und aus dem Weg schaffen, was uns belastet, damit wir frei werden, unser geistliches Leben so zu gestalten, dass es uns hilft, in eine Richtung zu wachsen, in der wir Christus ähnlich werden.

Missy Buchanan

Von Möwen lernen

Eines Morgens lief ich auf zwei Möwen zu, die am Strandsaum nach frisch angespülter Nahrung suchten. Ich behielt mein Lauftempo bei, und als ich vielleicht noch zwanzig Meter von den Möwen entfernt war, drehte sich die eine Möwe zu mir um, schaute mir in die Augen, stieg auf, flog über mich hinweg und landete dort, wo ich vor fünf Sekunden noch meine Spuren in den Sand gedrückt hatte. Die andere Möwe flog auch auf, bevor ich ihr zu nahe kommen konnte – aber sie flog fünfzig Meter weiter den Strand entlang und setzte sich wieder in meinen Laufweg. Zehn Sekunden später kam also die gleiche Situation: Ich lief auf die Möwe zu, sie drehte sich kurz ängstlich um und flog dann fünfzig Meter weiter, um zehn Sekunden später wieder in der gleichen Situation zu landen. Ich lief ... sie flog ... ich lief ... sie flog. Die erste Möwe war unterdessen schon längst wieder dabei, in aller Ruhe ihrer Beschäftigung nachzugehen! Wir lachten beide gleichzeitig trocken auf und Leif blinzelte mir achselzuckend zu. „Wenn du den Dingen, die dich verfolgen, sinnvoll begegnen willst, musst du dich ihnen zuwenden und ihnen in die Augen schauen – nur so kannst du sie überwinden. Wenn du nur kopflos davor wegläufst, holen sie dich früher oder später immer wieder ein. Du wirst irgendwann entkräftet zusammenbrechen, denn sie haben den längeren Atem als du."

Udo Schröter

In den Tiefen des Meeres

Er wird sich unser wieder erbarmen,
unsere Schuld unter die Füße treten und
alle unsere Sünden in die Tiefen des Meeres werfen.

Micha 7,19

Fahr ans Meer!

„Wenn du über das Meer schreiben willst, fahr ans Meer!", haben sie gesagt.

Und genau das war der Plan. Kurzentschlossen fuhren meine Freundin und ich an einem schönen sonnigen Spätsommertag mit Hund und unseren Freunden an die Nordsee. Als wichtigstes Accessoire nahm ich eines jener typischen schwarzen Notizbücher mit, die auch schon mein Lieblingsautor Ernest Hemingway genutzt hat.

Cuxhaven war unser Ziel. Begrüßt wurden wir von Wolken, Wind und dem Geruch von Salz, Fisch und Abenteuer. Zehn Minuten später entleerten sich die dunklen Wolken in einem dreiminütigen Regenguss – dann brach die Sonne durch und zauberte wunderbare Wolkengebilde an den Himmel.

Mit meinem Notizbuch in der Hand suchte ich fast hektisch nach Inspiration und natürlich „stolperte" ich – im Wortsinn – als erstes über die ausgebreiteten Fischernetze am Kai. Nur außer dem Namen des wohl berühmtesten Fischers Simon Petrus fiel mir dazu rein gar nichts ein. Enttäuscht klappte ich das ach so inspirierende Notizbuch erst einmal wieder zu.

Wir bummelten am Hafen entlang und gelangten zu den ersten großen Fluttoren. Ich machte ein Foto und schlug mein berühmtes Notizbuch wieder auf, aber außer „Fluttor" schrieb ich nichts. Langsam wurde ich nervös.

Meine fremdsprachengewandte Freundin machte mich auf ein im Trockendock liegendes Schiff aufmerksam, dessen verblassender Name „Esperanza" war. „La esperanza" bedeutet: die Hoffnung, der Lichtblick oder die Lebensader. Schön – aber meine Fantasie war wohl (wie das Schiff) auch noch im Trockendock …

Vom Deich aus beobachteten wir eine Zeitlang die Möwen, Kormorane, einlaufende Containerschiffe und Menschen, die an uns vorbeiliefen, während wir in ein am Imbiss erstandenes Fischbrötchen bissen.

Eine Weile blickten wir auf das Meer und sinnierten über Wolken, Himmel, Horizont, Wind und Weite und über das „Bewegt-sein". Und da endlich! Mir fiel mir der Lieblingspsalm meines Mannes ein:

> „Nähme ich die Flügel der Morgenröte und bliebe
> am äußersten Meer, so würde auch dort deine Hand
> mich führen und deine Rechte mich halten."
> Psalm 138,9+10.

Und plötzlich erfasste mich eine innere Ruhe – warum machte ich mir Stress? Ich würde Inspiration (und auch alles andere) finden, da war ich mir sicher. (Trotzdem machte ich mir sicherheitshalber schnell eine Notiz in mein fast leeres Notizbuch.)

Da wir noch an den Hundestrand wollten, gingen wir durch die Altstadt zurück zum Auto. Meine Freundin und ich bummelten entlang der vielen kleinen Schaufenster und bedauerten, dass viele Geschäfte samstagmittags schon geschlossen hatten. Nur wenige waren noch geöffnet. Eines davon war mit einem „verkramten" Schaufenster ausgestattet und ein Blick ins Innere verstärkte diesen Eindruck. Blechdosen, Servietten, Deko und diverse „Un-Nützlichkeiten" waren in der Auslage. Im Inneren konnten wir Seifen, Kosmetik und Teedosen ausmachen. Eine wilde Mischung! Vorsichtig drückten wir gegen die Tür, und ein leises Gebimmel verriet, dass der Laden nicht abgeschlossen war. Ein angenehmer Duft nach Tee schlug uns entgegen. Der winzige Verkaufsraum war so vollgestellt, dass meine Freundin und ich hintereinander gehen mussten, um in die Tiefe des Geschäfts vorzudringen. Außer dem vollgestellten Schaufenster gab es keine Beleuchtung, und unsere Augen mussten sich erst an das dämmerige Licht gewöhnen. Ein Korb mit gebrauchten Taschenbüchern für 99 Cent stand im Eingangsbereich und verstellte den Ein- bzw. Ausgang. Obenauf lag – was für ein Fingerzeig! – Ernest Hemingways berühmtestes Werk „Der alte Mann und das Meer". Das konnte kein Zufall sein … Und prompt trat er aus den dunklen Tiefen des kleinen Geschäfts hervor und begrüßte uns mit einem vernuschelten „Guten Tag, schauen Sie sich nur um." Nein, natürlich (leider) nicht Ernest persönlich, sondern der Ladeninhaber. Ein kleines verhutzeltes, wetter-gegerbtes Männlein mit grauen, langen, wirren Haaren, die am Hinterkopf mit einem Gummiband zusammengeknüddelt waren. Meine Freundin und ich sahen uns sogleich sehr in-teressiert um, obwohl uns ziemlich schnell klar war, dass wir eigentlich nichts von dem Kram brauchen würden. Genauso klar war aber auch, dass wir selbstverständlich doch irgend-etwas kaufen würden, weil „Ernest" irgendwie hilflos und mitleiderregend aussah. Als wir bezahlen wollten, zückte er einen Taschenrechner, obwohl eine geöffnete Registrierkasse neben ihm stand, und verrechnete sich zweimal (zu seinen Gunsten) bei den beiden Kleinbeträgen, die wir zu zahlen hat-ten. Wir korrigierten ihn nicht.

Ich erstand zwei Pakete Servietten mit maritimen Motiven (Anker, Muscheln, Fische) und drei Blechdosen für Tee oder Kekse. Das Buch ließ ich liegen. (Zu Hause ärgerte ich mich, weil ich feststellte, dass genau das mir in meiner Sammlung fehlte!).

Als wir aus dem Laden kamen, mussten meine Freundin und ich kichern, weil sie – ähnlich wie ich – Servietten, Blechdo-sen und eine Seife gekauft hatte. Zugleich sagten wir „Schwes-tern im Geist", weil es uns tatsächlich oft passiert, dass wir zeitgleich dasselbe sagen oder denken.

Nach einer kurzen Autofahrt kamen wir an dem Strandab-schnitt an, der auch für Hunde freigegeben ist, und unsere alte Border-Mix-Hündin Rala wurde wieder jung, jagte Möwen, bellte Wellen an und robbte über den Sand. Unsere Freunde, mein Mann und ich setzten uns für einen Moment in die feinsandigen Dünen und blickten staunend auf das Naturschauspiel, das sich uns bot.

Das Meer war da! Auflaufendes Wasser. Flut! Silbergrau, wo die Wolken sich vorschoben, und leuchtend blau da, wo die Sonne hinschien. Hohe, schaumige Wellen, durch den Wind aufgepeitscht, Wolkentürme, Sonnenstrahlen – dazwischen die bunten Segel der vielen Kitesurfer.

Jetzt musste ich meine Begleiter nicht mehr nach Assoziationen fragen. Mir war klar, was Meer und Spiritualität gemeinsam haben.

Ich sah die „Gewalt" des Meeres, aber ohne Angst.
Ich spürte den Wind, aber ohne Kälte.
Die Sonne wärmte, aber verbrannte mich nicht.
Ich hörte die laute Stille des Meeres
und sah die Ferne des Horizontes.
Ich spürte die Nähe der Schöpfung.

Plötzlich war alles da, was ich den ganzen Tag gesucht hatte, um es in mein Notizbuch zu schreiben. Ich brauchte es nicht. Gott war einfach da.

Corinna Kohröde-Warnken

Das Meer fassen

Wenn wir schon uns selbst und andere Menschen nicht ergründen können, wie sollten wir Gott ergründen können? Er ist immer größer, immer anders, als wir ihn beschreiben können. C. S. Lewis brachte es mit einem wunderbaren Bild auf den Punkt. Er beschrieb uns als Menschen, die mit ihrem Sandförmchen in der Hand vor dem großen Meer stehen und nun damit das Meer fassen wollen. Wir haben nur unser Förmchen. Und wenn wir dort Meer hineinschöpfen, dann haben wir tatsächlich etwas vom Meer darin. Aber das Meer ist viel größer. Er ist für uns unfassbar. Was wir im Förmchen haben, ist Meer, gleichzeitig aber auch nicht. Es ist eine unglaubliche Arroganz des Menschen, sich einzubilden, wir wären in der Lage, Gott zu verstehen.

Jörg Ahlbrecht

Gnade um Gnade

Ich stehe am Wassersaum, blinzle in die helle Sonne und studiere den Ozean, der sich vor mir ausbreitet, so weit ich sehen kann. Am Horizont verschwimmen Himmel und Meer ineinander – wie zwei ungeheure Balken von unendlichem Blau. Mein Blick wandert zum Ufer zurück. Wo die Wellen mit blassen Schaumkronen auf den Sand laufen, wird das Wasser türkis.

Die Brandung zu beobachten ist faszinierend, aber auch seltsam beruhigend – der unregelmäßige Ansturm von Wasser, Wellen und Wogen, die einander jagen, durchschnitten vom Kielwasser eines Bootes.

Eine Welle kommt, eine andere geht. Welle um Welle rollt der Ozean auf den Sand.

Von seiner Fülle haben wir alle genommen
Gnade um Gnade. (Johannes 1,16; LUT)

Die Wellen, die unermüdlich heranrauschen, gleichen der herrlichen Gnade Gottes.

Aus dem unermesslichen Herzen Gottes strömt die Flut der Gnade mir zu und füllt meine Leere aus.

Gnade kommt in Wellen, wenn das Leben schön und hell ist. Gnade kommt in Wellen, wenn das Leben grausam und unfair ist.

Ich atme tief aus und wate ins Meer, bis das kühle Wasser mir bis zur Taille steht. Im ständigen Sog der Wellen habe ich Mühe, mein Gleichgewicht zu halten, und mir kommt eine neue Einsicht. Vielleicht zeigt Gott mir gerade, dass ich mich weniger auf meine eigene Kraft verlassen soll, um zu erkennen, wie sehr ich von seiner übergroßen Gnade abhängig bin.

Ich will euch tragen, bis ihr grau werdet.
Ich will heben und tragen und erretten.
(Jesaja 46,6; LUT)

Mein Blick geht hinaus auf die offene See, und mein Geist prallt geradezu auf das hintergründige Geheimnis der Weite und Tiefe des Ozeans – und der Weite und Tiefe der Gnade Gottes.

Ich stoße mich vom Grund ab und sinke in eine sich überschlagende Welle, lasse mich von ihr hinunterziehen, bis das kühle Wasser mich völlig umschließt.

Gottes Gnade hat mich durch die dunklen Tage meines Lebens getragen; Gottes Gnade wird mich durch die unbekannte Zukunft tragen.

Aus Gnade seid ihr gerettet durch Glauben,
und das nicht aus euch: Gottes Gabe ist es.
(Epheser 2,8; LUT)

Ich tauche wieder auf, ein Lächeln in meinem Gesicht, von dem das Wasser tropft. Während ich mich durch die Wellen zurück zum Strand wühle, spüre ich, wie die pulsierende Strömung mich vorantreibt. Man kann sie nicht anhalten. Es ist ein Geschenk der Gnade.

Missy Buchanan

Wellenweise

Vor ein paar Tagen waren wir an der Ostsee am Strand. Es war warm, aber stürmisch. Hohe Wellen brandeten im Meer. Mit tosendem Rauschen schoben sich Wasserberge vom Horizont heran, tanzten übermütig in den Fluten, beruhigten sich widerwillig, wenn sie zum Land rauschten, und schäumten schließlich als lange, weiße Gischtausläufer auf den Sand. Energie – so alt wie die Erde. Gottes Lebenskraft zum Zugucken. Meine Kinder tobten wie Welpen in den Wellen. Ich schaute ihnen sehnsüchtig nach und schalt mich, ausgerechnet heute meine Badesachen nicht dabei zu haben. Stattdessen lief ich barfuß am Wassersaum entlang, der sich Hunderte Meter weit vor mir erstreckte. Milliarden von Wellen und Schaumkronen, dazwischen Möwen, dahinter der Himmel. Der geschäumte Wellenteppich war weich und samtig. Im sanften, ewigen Rhythmus umspielte er meine Füße. Wo er sich zurückzog, blieb eine makellos glatt gewaschene Fläche. Sie ließ – mitten in diesem geräuschvollen Schauspiel – eine Ahnung aufkeimen, die leise war, innig. Ich musste an Gottes Gnade denken, die uns in einem fort umfängt, die alle Umwege überspülen kann, falsche Schritte auslöscht und Neues schafft. Rettung. Gnade eines liebenden, ungezähmten Schöpfergottes. Was für eine

Urgewalt in zärtlichem Gewand! Ich dankte ihm berührt und bewegt. Ließ meinen Blick streifen über das Meer zum Himmel, zum Horizont, über die Wellen zum warmen Wasser an meinen Knöcheln. Ein zweites Flüstern, das ich nur langsam verstand: Kann es sein, dass wir – dass ich – zu viel im seichten Wasser spiele? Dass ich nur knöcheltief in seiner Wahrheit wate, obwohl Gottes wahre Kraft in den Wellen liegt? Dass er uns hineinruft in die Tiefe? Könnte es sein, dass mehr möglich wäre, wenn ich Angst oder Selbstzweifel oder Stolz oder Bequemlichkeit – oder was immer mich zurückhält – überwände und mutig und voller Vertrauen auf diesen Gott mit seiner Kraft einen Schritt in die Wellen wagen würde? Und dann noch einen? Wenn ich mutiger meine Fußstapfen in den Sand drückte, leidenschaftlicher seine Liebe lebte und einfach machte, statt viel zu zaudern? Vielleicht ist das wahr. Denn ich weiß genau, dass meine allerschönsten Tage am Meer die waren, an denen ich mich in die Fluten gestürzt habe und ausgelassen in hohen Wellen getobt bin.

Anja Schäfer

Tropfen aus dem Meer

Wie eine Welt im Tropfen aus dem Meer,
so liegt im Augenblick oft eine Ewigkeit.

Heinrich Martin

Oceans (Where Feet May Fail)

Du rufst mich raus auf's weite Wasser,
wo Füße nicht mehr sicher stehn.
Dann finde ich dich im Verborg'nen,
denn Glaube trägt im tiefen Meer.

Und deinen Namen ruf ich an,
ich schau, so weit ich sehen kann,
und kommt die Flut,
hältst du mich fest in deinem Arm.
Denn ich bin dein und du bist mein.

Die Gnade strömt wie tiefes Wasser
und deine Hand zeigt mir den Weg.
Wenn Angst mich lähmt und ich versage,
lässt du nie los und gibst niemals auf.

Führ mich dort hin, wo ich unbegrenzt vertraue,
lass mich auf dem Wasser laufen.
Wo immer du mich hinführst,
führ mich tiefer, als ich selber jemals geh'n kann,
dass ich fest im Glauben stehe in der Gegenwart
des Retters.

Matt Crocker, Joel Houston, Salomon Ligthelm

Keine Antwort

Das Meer ist nicht die Antwort,
aber du vergisst dort deine Fragen.

Verfasser unbekannt

Meer_glauben

Papa, wo bist du?
Ich schau' im Dunkeln umher
und seh' das Meer:
Die brechenden Wellen.
Die Gischt,
die mir ins Gesicht spritzt.
Der Wind, der mir durch die Haare weht.
Das Meeresleuchten.
Es ist zu krass, um zufällig entstanden zu sein.
Es muss dich geben, du musst da sein.
Aber dann plagen mich diese Zweifel:
Brauch ich dich zum Leben? Nein?
Ich spüre dich einfach nicht mehr.
Ich weiß nicht, ob du da bist, Gott.
Weißt du, irgendwie war ich noch nie zu 100 Prozent
sicher, aber am Anfang hab' ich mehr geglaubt und
ich weiß nicht mal, warum.
War mein Glaube stärker oder mein Wille härter?
Habe ich mehr deine Schöpfung gesehen
und die Wunder, die manchmal geschehen?
Alles, was ich erlebt habe, nicht mehr reflektiert?
Nicht mehr gesehn, was für eine Macht im Meer existiert?

Hast du mir mehr Zeichen geschickt?
Oder habe ich zu all den Bibelgeschichten einfach
nur genickt?

Ich blicke in die Ferne und sehe nichts
als den Mondschein, reflektiert auf dem Meer.
Diese Freiheit, die ich verspüre.
Der Horizont, der nie aufhört.
Diese Faszination des Wellenbrechens,
die – glaube ich – nie vergeht.
Ich meine: Was Wahres muss dran sein.
Ich kann das einfach nicht vernein'.
Aber ich habe trotzdem zu viele Fragen,
die mich plagen:
Wem zeigst du dein Gesicht?
Wieso geht's so vielen gut und denen, die an dich glauben, nicht?
Weißt du, ich glaub, ich bin zu klein, um das alles zu verstehen
und vielleicht auch noch zu jung, um damit umzugehen.
Aber eins kann ich sagen:
Ich will mit dir leben, Herr!
Ich will wirklich an dich glauben
und nicht nur bei anderen über ihren Glauben staunen.
Aber Papa, ich krieg das nicht allein hin.
Ich denke, glaube ich, viel zu oft an mich
und ich brauche dich.
Ich will, dass du in meiner Mitte stehst
und immer an meiner Seite gehst.
Ich möchte dich spüren.

Kannst du mich führen?
Ich möchte mich nicht von dir entfernen
und will noch so viel von dir lernen.
Aber ich weiß, ich kann das schaffen –
mit dir an meiner Seite.
Und darum bitt' ich dich,
dass auch du glaubst an mich
und mir beistehst auf meinem Glaubensweg. Mit dir.
Und alles, was ich hier sehe, bestätigt das nochmal,
dass du bei mir bist.
Die Kraft, die in jeder Welle steckt,
der Fisch, der manchmal seinen Kopf rausstreckt.
Die Natur, die du so perfekt geschaffen hast,
dass jede Kleinigkeit perfekt reinpasst.
Alles, was aufeinander abgestimmt ist:
Ebbe und Flut.
Und das Meer, das nie ruht.

Melanie Grör

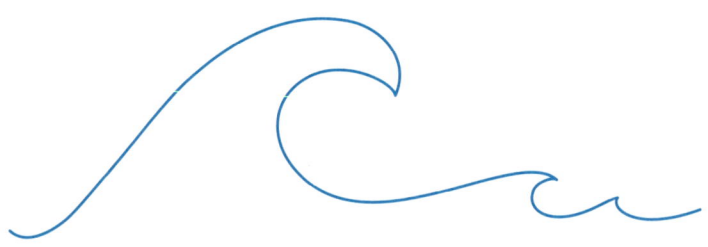

Perlen fischen

Wenn die Wellen über mir zusammenschlagen,
tauche ich hinab, um nach Perlen zu fischen.

Mascha Kaléko

Vom Aufgang der Sonne

Eine Möwe weckt mich vor Sonnenaufgang. Leise schlüpfe ich
in mein Kleid und die Wollweste. Ich gehe allein ans Meer,
will mich daran sattsehen. Die anderen laufen oft weiter, wo
ich gern verweilen würde. Der Strand ist noch leer bis auf ein
paar Möwen, die sich zum Frühstück treffen. Es ist, als ob ich
träume, ich fühle mich unverschämt frei.

Das Meer war schon da, lange bevor es mich gab, und es
wird unermüdlich brausen, wenn von mir jede Spur verweht
sein wird. Seine scheinbare Unendlichkeit verstärkt mein Gefühl von grenzenloser Freiheit, lässt mich aber auch meine
Endlichkeit spüren. Streichholzklein fühle ich mich, lasse
mich auf etwas ein, das größer ist als ich, überwältigend viel

mehr. Meer … Ich ahne, dass ich in diesen großen Zusammenhang gehöre. Was sagte Gott, nachdem er das Meer erschaffen hatte? „Es war gut!" Jetzt weiß ich, warum ich mich hier vorne Gott so verbunden fühle: Ich teile meine Begeisterung über das Meer mit dem, der es geschaffen hat! Schweigend, ehrfurchtsvoll nehme ich die Weite in mich auf.

Noch unberührt liegt das Wasser vor mir, eine Einladung des Lebens. Zögernd steige ich hinein. Ich spüre die Kühle der Nacht, mache mich leicht, lege mich auf die Oberfläche, wo mich die Wärme der Morgensonne umspült. Ich treibe, schwebe, sehe nur Himmel, fühle nur weiches Wasser, bin. Unter dem Himmel das Meer – und ich mittendrin!

Bianka Bleier

Die kleine Welle

Blau leuchtet der Himmel. Blau strahlt das Meer zurück. Eine horizontlose Unendlichkeit, in der das Auge des farbverwöhnten Betrachters verhungern wird. Genießer und Träumer allerdings, deren Seelen hier auftanken, die Schattierungen genießen und Blautönen Namen geben, können hier einzigartige Geschichten entdecken.

An einer Stelle im blauen Nirgendwo tanzte ein kleiner Schatten. Niemand nahm ihn wahr und das spürte er. Es war eine kleine Welle. Nie wäre sie auf die Idee gekommen, jemand könnte eine Geschichte über sie schreiben. Sie war einfach da. Wozu, wusste sie nicht. Eines Tages war sie aus Wasser und Wind in die Unendlichkeit hineingeboren worden. Dort, wo die Langeweile in blauer Farbe leuchtet, suchte sie den Sinn ihres Treibens.

Der Wind hielt sich an diesem Tag sehr zurück, aber für die kleine Welle machte er eine Ausnahme. An solchen ereignislosen Tagen langweilte sie sich ohne ihn entsetzlich. Leider war der Sommer voll von diesen endlosen, blauen Momenten. Also gab der Wind eine gezielte kräftige Böe auf das Wasser. Die Welle erhob sich und tauchte gleich darauf wieder unter.

Eine leuchtend blaue Ohrenqualle trieb im Sonnenlicht. Blau in blau. Vom Übermut gepackt, schnappte sich die Welle das Weichtier und wirbelte es durch die Luft. „Jetzt bist du eine Vogel-Qualle!", blubberte sie begeistert. Die Qualle jedoch schnappte verängstigt nach Luft. „Mach nicht so 'ne Welle! Hör auf damit! Du bringst mich in Gefahr. Ich gehöre ins Wasser. Lass dich lieber in Ruhe treiben, so wie ich. Dann kannst du niemanden verletzen!"

Peinlich berührt ließ die Welle von der Qualle ab und gurgelte: „Entschuldigung! Ich wollte dir nicht wehtun. Du hast wahrscheinlich keine Lust, mit mir zu spielen, oder?" „Nein", lachte die Qualle. „Dazu bin ich nicht geschaffen. Ich bin gemacht, um mich treiben zu lassen und Plankton zu fressen." Die kleine Welle horchte auf. Offenbar hatte sie es mit einer schlauen Qualle zu tun. Sie fasste sich ein Herz. Einen Versuch war es wert. „Weißt du vielleicht auch, wozu ich geschaffen bin?" „Nein, leider nicht", entgegnete die Ohrenqualle, aber du könntest mich ein bisschen anschieben. So komme ich schneller zum nächsten Planktonfeld." „Das mache ich gerne!" Einen kräftigen Wellenschubs später landete das Weichtier bei seiner heiß begehrten Nahrung.

Die Welle schwappte weiter vor sich hin. Jetzt überschlugen sich dabei nicht nur die Wasserwogen um sie herum, sondern auch ihre Gedanken. „Wozu bin ich eigentlich geschaffen? Ich mag mich nicht einfach nur treiben lassen, wie die Qualle. Ich will was bewegen! Aber bei diesem Versuch habe ich gerade beinahe jemanden verletzt!"

Ein kleiner weißer Punkt unterbrach den Gedankenstrom. Irgendetwas trieb auf dem Wasser. Die kleine Welle schwappte vorsichtig darauf zu. Diesmal würde sie niemanden in Gefahr bringen. Als sie näherkam, entdeckte sie einen Vogel, der auf dem Wasser schwamm. Voller Freude steuerte die kleine Welle auf ihn zu. Endlich! Diese Möwe könnte sie doch sicher in die Luft wirbeln! Vielleicht war das ihre Aufgabe?! Sicherheitshalber fragte sie dieses Mal vorher: „Brauchst du Starthilfe? Soll ich dich in die Luft werfen?" „Nein", stöhnte das Federtier. „Ich bin im Moment zu schwach zum Fliegen! Ich muss etwas fressen, bevor ich selbst gefressen werde!" „Ich fresse niemanden!", lachte die Welle. „Aber ich hätte eine Frage: Kannst du mir vielleicht sagen, wozu ich hier bin?"

„Nein, das weiß ich leider nicht. Ich bin eine Möwe und zum Fliegen und Fische fangen geboren." „Und jetzt kannst du nicht mehr fliegen?" „Ja, leider. Ich habe mich auf der Suche nach den besten Fischen zu weit von der Küste entfernt. Ich kann nicht mehr. Ich bin völlig erschöpft. Wenn ich nicht bald einen Fisch bekomme, werde ich sterben oder von einem großen Fisch gefressen", erklärte der Vogel und es klang wie lautes Kreischen. „Ich kann dir helfen!", schlug die Welle vor. „Mach den Schnabel auf!" Mit einem lauten Platschen tauchte die Welle unter, riss aus der Tiefe einen Hering aus seinem Schwarm und schleuderte ihn in die Luft. Die Möwe schnappte zu und verschlang ihn gierig. „Danke! Du hast mir das Leben gerettet!", stieß sie erleichtert hervor. Dann sammelte sie sich kurz. „Wenn du wissen willst, wozu du geschaffen bist, frag am besten die Menschen! Die wissen alles!"

„Wirklich?", rauschte die Welle erstaunt. „Wo finde ich sie?" „Du findest sie meistens an der Küste. Manchmal fahren sie aber auch auf Schiffen und Booten übers Meer."

Mit diesen Worten breitete die Möwe ihre Flügel aus und steuerte Richtung Land. „Hier lang!", rief sie der Welle zu. „Danke!", konnte diese ihr gerade noch hinterherrufen, da verschwand sie schon als weißer Punkt am Himmel.

An der Küste also war die Antwort auf ihre Frage. Die kleine Welle wurde traurig. Sie wusste genau, dass der Aufprall auf die Küste ihr Ende bedeutete. Dort waren schon so viele Wellenleben im Sande verlaufen. Nein, ihr Dasein sollte nicht enden, bevor sie wusste, wofür sie eigentlich da war. „Es ist zu gefährlich, sich der Küste zu nähern", sagte sich die kleine Welle. Betrübt schwappte sie ins Blaue hinein. Hier, im blauen Nirgendwo, war sie entstanden. Hier würde sie bleiben und nach dem Sinn ihres Daseins suchen. Sie überlegte: „Ich habe eine Qualle zum Plankton getrieben und eine Möwe gefüttert. Vielleicht bin ich dazu da, Tieren Nahrung zu geben! Am besten, ich mache mich auf den Weg und schaue, ob noch jemand meine Hilfe braucht!", überlegte die Welle. Aber es war niemand da.

Sie suchte den Himmel ab. Nichts! Sie untersuchte die Wasseroberfläche. Nichts!

Weit und breit gab es in der blauen Unendlichkeit nichts zu tun für sie. Die kleine Welle musste weitersuchen. So in Gedanken versunken merkte sie nicht, dass sie immer näher an die Küste schwappte. Dort entdeckte sie ein Stück Holz, fischte es aus den Fluten, wirbelte es in die Luft und fing es wieder auf. Ein kleines Wellenspiel gegen die große Langeweile.

***

Ein kleiner schwarzer Strich hüpfte auf der Wasseroberfläche. Der Junge entdeckte ihn sofort. Müde hob er seinen Kopf. Was in aller Welt war das? Im unendlichen Blau tanzte plötzlich dieser kleine Schatten und darüber wirbelte etwas in die Luft und landete wieder auf dem Wasser. Der Schatten kam näher. Wie lange trieb er nun schon hier auf seinem Boot? Der Junge wusste es nicht. Seine Flasche war längst ausgetrunken. Mittlerweile hatte ihn die Angst beschlichen, in der Salzwasser-Wüste zu verdursten, bevor er irgendwie ans

Land gelangen könnte. Gab es hier etwa Delfine? Schon oft war der Junge mit seinem Boot aufs Meer gefahren. Aber so etwas hatte er noch nie gesehen.

Irgendwo da draußen schwammen seine Ruder. Eins war zerbrochen. Als er versucht hatte, das verlorene Bruchstück aus dem Wasser zu fischen, war ihm auch das zweite Paddel entglitten. Seitdem dümpelte er ohne seine Ruder antriebslos im windlosen Meer. Keine Menschenseele weit und breit. Aber jetzt, nachdem er dieses tanzende Etwas gesehen hatte, kam wieder Leben in ihn. Er setzte sich auf, öffnete seinen salzverkrusteten Mund und schrie. „Hiiiiiilfeeeee!" Es war der Schrei seines Lebens.

Die Welle fing das Holzstück gerade wieder auf. Dann hielt sie inne. Hatte sie richtig gehört? Hatte da jemand gerufen? Sie entdeckte etwas auf dem Wasser. Es hatte eine seltsame Farbe. Sie kannte diesem Farbton von irgendwo her. Es war aber kein Fisch – dafür war es zu groß. Und es trieb einfach so auf dem Wasser. Aus Neugier schwappte die Welle darauf zu. Es sah aus wie eine riesige Muschel, in der etwas Lebendiges saß. Vielleicht könnte sie sich mit diesem Ding ein wenig die Zeit vertreiben. „Hey, spielst du mit ?", rief sie.

Der Junge traute seinen Augen und Ohren kaum. Eine Welle! Wie konnte das sein bei dieser Flaute? Woher kam sie? Warum schoss über ihr ein Bruchstück seines Ruders durch die Luft? Er musste vor Durst verrückt geworden sein. Es war ihm, als hätte er eine Frage gehört – mitten im Klatschen des bewegten Wassers. Was hatte er schon zu verlieren? „Hilfe! Bitte hilf mir!", rief der Junge aus Leibeskräften.

Die Welle platschte erfreut. Soll ich dir etwas zu essen bringen?", fragte sie hoffnungsvoll. „Frisst du Fisch oder Plankton?" „Eher Fisch", antwortete der Junge voll Staunen. Und er dachte: „Diese Welle spricht mit mir und wirft einen Teil meines zerbrochenen Ruders herum! Wenn das hier ein Traum ist, ist es mein letzter." „Was bist du denn für ein Lebewesen?", platzte die Welle heraus. Ihre Angst hatte sie längst vergessen. „Ich bin ein Mensch. Bitte hilf mir!" „Ein Mensch!" Die Welle überschlug sich vor Begeisterung. Dabei warf sie fast das Boot um. „Oh nein, bitte, wirf mein Boot nicht um. Ich kann nicht mehr schwimmen, ich bin zu schwach und müde. Ich brauche Wasser!" „Warum trinkst du dann nicht?", wollte die kleine Welle wissen. „Wasser hat es doch hier wahrlich genug." „Ich kann kein Meerwasser trinken", antwortete der Junge. „Ich brauche Süßwasser." „Oh. Das habe ich nicht", bemerkte die Welle enttäuscht. „Aber du kannst mich zur Küste bringen! Bitte! Ich werde sonst sterben!", flehte das Kind sie an.

Die kleine Welle wurde traurig. „Zur Küste? Aber wenn ich auf Land treffe, dann sterbe ich!", entgegnete sie. Der Junge begriff sofort. „Könntest du es denn trotzdem versuchen? Ohne dich komme ich nicht zurück ans Ufer." Die Welle verstand, dass der Junge ohne sie keine Chance hatte, dem Meer lebend zu entkommen. Er oder ich, dachte sie. Einer von uns wird das hier nicht überleben. Sie begann, salzige Tränen zu

weinen, die das Kind im Boot nassspritzten. „Die Möwe hat
gesagt, du weißt alles. Kannst du mir sagen, wozu ich da bin?"

Dem Jungen entfuhr ein trockenes Lachen. Es klang fast
wie ein Husten. „Blödsinn, Menschen wissen nicht alles. Ich
wusste bis heute nicht mal, dass es sprechende Wellen gibt!
Aber ich weiß immerhin, wozu du da bist." „Bitte, sag es mir!",
flehte die Welle. „Schau dich um. Überall blau. Dunkelblau,
hellblau, himmelblau, azurblau, königsblau, ultramarinblau,
türkisblau, petrolblau, wasserblau. Das schönste Blau der Welt
ist nicht zu gebrauchen, wenn sich nichts bewegt. Ich würde
ohne dich in der blauen Wüste hier verdursten. Aber jetzt bist
du da. Du bist dazu da, um etwas zu bewegen. Du kannst das
Meer und alles darin vorantreiben. Dazu bist du gemacht!"

Die Welle sah in die Augen des Jungen und verstand. „Dazu
haben mich Wind und Wasser hervorgebracht? Damit ich
Dinge antreibe?" Ihre Traurigkeit verschwand, als hätte der
Wind sie weggeblasen. Das also war ihre Bestimmung. Sie
sollte Dinge antreiben. Ihr ganzes Wesen war Bewegung, ein
ständiges Auf und Ab, das dem unendlichen Meer erst seinen Rhythmus verlieh. Sie war wichtig, und es war keineswegs egal, ob sie da war oder nicht. Und manches Mal – so
wie jetzt – kam es ganz allein darauf an, dass sie das tat, wofür
sie in dieser Welt war. Sie registrierte kaum, wie sie das Boot
nahm und es in Richtung Küste trieb. Sie spürte, der Junge
hatte recht. „Du hilfst mir?" „Ja", gurgelte die kleine Welle
und spritzte dem Kind ins Gesicht. „Feuchte Aussprache!",
lachte er, „aber ein großartiges Herz. Darüber freut sich dein

Schöpfer sehr!" „Mein Schöpfer? Meinst du Wind und Wasser?" Nein, ich meine Gott. Er ist der Herr über Wind und Wellen. Und er hat dir deine Bestimmung gegeben."

Die Welle war zügig unterwegs. Sie wusste jetzt, was sie wissen musste. Sie schob, wie sie nur konnte. Schnell, aber behutsam. Sie konnte schon die Küstenlinie sehen. Immer mehr Farben erschienen am Horizont. Der Junge hatte recht. Ohne Wellen stand alles still. Sie selbst war der Motor des Meeres! Jetzt kam es auf sie an. Das war so klar wie der Himmel an diesem Tag. „Wir sind gleich da!", sagte der Junge. „Wenn du magst, kannst du jetzt umdrehen. Hier werden sie mich finden und retten. Danke!" Doch die Welle hörte ihn nicht mehr. Sie hatte ihre Bestimmung und damit ihr Glück gefunden. In voller Fahrt war sie zu einer ausgewachsenen Welle aufgelaufen. Und als solche gehörte es zu ihrem Wesen, sich nicht mehr bremsen zu können. So schwoll sie an und verspritzte ihre Gischt. Sie schob das Boot mitsamt dem Jungen immer weiter Richtung Strand. Andere Kinder sprangen im seichten Wasser in sie hinein. Hier und da konnte sie einen Ball fangen und zurückwerfen. Und als sie gerade vor Glück überschäumte, glitt sie sanft auf den Strand.

So war ihr Leben, wie das der meisten Wellen, im Sande verlaufen. Aber irgendwo da draußen im blauen Nirgendwo regte sich ein neuer kleiner Schatten.

Ramona Eibach

Eine Strophe Meer

Was nah ist und was ferne, von Gott kommt alles her,
die Wellen und die Sterne, das Sandkorn und das Meer.
Von ihm sind Wind und Algen und Tidenhub von ihm,
das schöne Segelwetter und Flut und Ungestüm.
Alle gute Gabe kommt her von Gott, dem Herrn,
drum dankt ihm, dankt! Drum dankt ihm, dankt!
Und hofft auf ihn.

*nach Matthias Claudius (leicht veränderte Strophe
aus dem Lied „Wir pflügen und wir streuen")*

Die Schiffsreise

Eine unserer ersten Schiffsreisen führte uns durch die Biskaya. Kennen Sie? Nein? Müssen Sie unbedingt kennenlernen! Oder vielleicht eher doch nicht. Denn die Biskaya ist nicht nur berühmt. Sie ist auch berüchtigt. Diese Bucht, die sich von Galicien bis zur Bretagne entlang der Nordküste Spaniens und der Westküste Frankreichs erstreckt, ist laut Wikipedia „für schlechtes Wetter, starke Stürme und extremen Seegang bekannt".

Unser Schiff war eine umgebaute Fähre. Flusstauglich. Aber nur bedingt seetauglich, geschweige denn hochseetauglich. Von Stabilisatoren hatte es noch nie etwas gehört, noch nicht einmal davon geträumt. Die standen ihm ja auch nicht zu. Das hatten schließlich nur die Großen. Die Pötte. Die Ozeanriesen. Doch unsere Fähre war ein tapferes Schiff. Und es erwartete von seinen Passagieren dasselbe: tapfer sein. Bei Sonnenschein und bei Sturm. Bei Tag und bei Nacht.

Wir waren bei Nacht unterwegs in der Biskaya. Und der Wetterbericht verhieß Wind- und Seestärken um die 10. Und er behielt recht.

Wir wollten gerne genauso tapfer sein wie unser Schiff. Auch wenn's schwerfiel und von Minute zu Minute schwerer wurde. Mit sanftem Schaukeln hatte uns das Meer eingestimmt. Noch quietschten einige Passagiere vor Vergnügen. Doch dann wurden die Wellen von Minute zu Minute höher und wilder, und sie krachten immer unerbittlicher gegen den Schiffsrumpf. Und unser Schiff begann immer stärker zu schaukeln und zu rollen und zu gieren. Wellenberg rauf, Wellenberg runter. Und wieder von vorn. Wir wussten immer genau, wann wir wieder unten waren. Wir hörten es. Jede Schweißnaht ächzte in immer schrilleren Tonlagen, jede Schraube versuchte stöhnend zusammenzuhalten, was sie zusammenhalten sollte.

Wo hältst du dich fest bei so einem Wetter in so einer Bucht auf so einem Schiff? Alles, was Halt verspricht, hält nur bei flauer Brise und glatter See.

Essen wollte schon lange keiner mehr. Niemals zuvor war uns ein Fünf-Gänge-Menü so egal gewesen! Die einzige Sicherheitszone schien unsere enge Kabine zu sein. Unser Bett. Mit der kleinen Toilette direkt nebenan. Für alle Fälle. Und die Fälle häuften sich ...

Die Gardinen vor den Bullaugen unserer kleinen Kabine vollführten immer wildere Gymnastikübungen. Alles, was nicht niet- und nagelfest und angebunden war, polterte zu Boden. Kabineninsassen inklusive.

Und kein Ende in Sicht. Und kein Morgen in Sicht. Die Biskaya zieht sich. Fast ganz Deutschland würde da reinpassen. In solchen Momenten fühlst du dich, ja, ausgeliefert. Du kannst nicht aussteigen. Du kannst höchstens – sterben.

Eine Reiseteilnehmerin versuchte sich mit Bier und Wodka zu beruhigen. Doch den Bierkrug hielt es nicht lange auf dem Nachttischchen, auf dem sie ihn tollkühn abgestellt hatte, und goss seine blonde Pracht unbarmherzig aufs frisch bezogene Bett. Das war nun für die Nachtruhe nur noch bedingt tauglich.

Wohin nun?

In die Badewanne. Samt Bettzeug. Da war sie sicher. Einigermaßen. Und überlebte die Nacht. Wie wir alle.

Ich habe später ein Gedicht von Heinrich Heine entdeckt, vertont und bei einer unserer nächsten Seereisen als Trostlied zum Besten gegeben:

Der Sturm spielt auf zum Tanze,
Er pfeift und saust und brüllt;
Heisa! Wie springt das Schifflein!
Die Nacht ist lustig und wild.

Ein lebendes Wassergebirge
Bildet die tosende See;
Hier gähnt ein schwarzer Abgrund,

Dort türmt es sich weit in die Höh'.
Ein Fluchen, Erbrechen und Beten
Schallt aus der Kajüte heraus;
Ich halte mich fest am Mastbaum
Und wünsche: Wär ich zu Haus.

O ja! O ja! O ja! Alles! Fluchen! Erbrechen! Beten! Und der quälende Dauervorwurf: Warum hast du dir das nur angetan!

Irgendwann aber war's geschafft. Die See wurde ruhiger. Die Mägen der Passagiere allmählich auch. Und die Sonne schaute schüchtern nach, was in ihrer Abwesenheit aus unserer Fähre geworden war.

Als wir endlich wieder festen Boden unter den Füßen hatten, habe ich den Boden geküsst. Wie einst der Papst.

Und war trotzdem irritiert. Denn dieser Boden schien weiter zu schwanken. Immer wieder hatten wir alle das Gefühl, wir müssten uns festhalten. An einem Geländer. Oder aneinander. Als würde die wilde See in unseren Sinnen weitertoben.

Aber tobt die nicht ständig in uns? Unter uns? Auch wenn wir's meist nicht wahrhaben wollen und meinen, wir hätten festen Boden unter den Füßen und überhaupt alles im Griff.

Aber plötzlich spüren wir's. Erfahren wir's. Erleiden wir's. Wir sind unterwegs auf rauer See. In einer Fähre, die den wilden Wellen kaum gewachsen scheint. Sie ist vielleicht flusstauglich. Aber kaum hochseetauglich. Was hält? Woran kann ich mich halten? Worauf ist Verlass? Was hält stand in den Stürmen des Lebens?

Und wenn alles vorbei ist, die kleinen und großen Katastrophen des Lebens wieder einmal durchgestanden sind? Dann schwanken wir oft genug weiter. Weil wir unsere jugendliche Unbekümmertheit verloren haben. Und das „Kölsche Jrundjesetz" liegt angezählt auf dem Boden des Lebensrings: „Et hät noch emmer joot jejange." Du bist da nicht mehr ganz so sicher.

Jürgen Werth

Das Meer ist sein

Egal, wie heftig der Sturm tobt, es gibt einen Herrn der Welt, der Wind und Wellen lenkt. Es sind seine Wellen. Er steht über allem. Auch das Meer ist sein. Bei friedlichem Wetter und im tosenden Orkan.

Amanda Dykes

Ein Segen am Meer

Der Herr segne dich, wenn hohe Wellen
und Meeresstürme dein Leben bedrohen.
Er glätte die Wogen und Stürme,
um dein Herz und deine Seele mit Frieden und
Gottvertrauen zu füllen.
Er schenke dir einen freien Blick
zum blauen Himmel, um deine inneren Fesseln
und deine äußeren Zwänge zu lösen.
Gottes Segen sei wie eine Meeresbrise,
die dich zärtlich streichelt, um dir Mut zu machen,
deine eigenen Wege zu wagen.
Er schenke dir Menschen, die dich auf deinem Weg
begleiten, beim sonnigen Strandspaziergang oder
im rauen Meeressturm.
Der Herr segne den Sonnenuntergang am Meer,
damit du nie vergisst, wie sehr er dich liebt.
Genug, um dir etwas so Wunderschönes zu schenken.

So sei gesegnet!

Simone Heintze

Kopf hoch!

Die erste Besiedlung der Bucht ist eine besonders schöne Geschichte. Sie handelt vom alten Joe, wie man ihn hier nennt, der aber eigentlich Josef Krause hieß. Der war ein einfacher Fischer, der mit seiner Frau, drei Kindern und einem neugeborenen Baby in einem kleinen Fischerhäuschen in der Nähe von Saint John in New Brunswick lebte. Eines Tages, als er mit seinem Boot unterwegs war, kam starker Nebel auf und er verlor die Orientierung. Es wurde Nacht und ein heftiger Sturm zog herauf. Außer ihm waren nur noch die Heringe an Bord, die er gefangen hatte. Die Situation wurde kritisch, und er musste damit rechnen, die Nacht nicht zu überleben. Nirgendwo war Land in Sicht und er hatte die Hoffnung aufgegeben. Da fiel er auf seine Knie und flehte zu Gott um Rettung. Er betete, dass er seiner hungrigen Familie die Heringe heimbringen und alle gesund wiedersehen würde. Doch der Sturm wurde noch stärker, die Wellen noch ungestümer; sie brachen sich über seinem Boot und warfen ihn zu Boden. Er lag mit dem Gesicht auf den nassen Planken und wiederholte sein Gebet. Und da – so wird erzählt – da hörte er eine Stimme, mehr als nur laut, so deutlich, als würde er sie direkt in seinem Herzen hören: „Kopf hoch, Josef Krause."

Es war nicht die Zusage, dass er gerettet werden würde, und das Meer wich auch nicht zurück wie bei Mose. Aber Josef tat, was ihm gesagt worden war. Er hob den Kopf, und genau in dem Moment erhellte ein Blitz den Himmel – lange genug, um Josef in der Ferne eine Insel zu zeigen.

Er rappelte sich auf, eilte zurück zum Ruder und hielt, so gut es im Sturm ging, auf die Insel zu, die er soeben gesehen hatte. Als er näherkam, klang das Echo der himmlischen Stimme noch einmal in seiner Brust. „Kopf hoch, Josef Krause."

Er blickte zum Himmel, ein weiterer Blitz zeigte eine große Insel zu seiner Linken und eine weitere Insel vor ihm und eine dritte noch weiter entfernt. Bald darauf zuckte der nächste Blitz lange genug über den Himmel, um eine ganze Reihe kleinerer Inseln zu erhellen. Josef fuhr zwischen ihnen hindurch, und so fand er schließlich eine geschützte Bucht und zum sicheren Strand. Von Blitz zu Blitz und von Insel zu Insel wurde ihm der Weg gewiesen.

Vor ihm lag eine ruhige Bucht, sanfte blaue Wellen rollten an den Strand. Ein friedlicher Ort. Der Sturm hatte ihn hierhergebracht, die Inseln waren ihm zu Wegweisern geworden, und er wusste, dass er hier leben wollte.

In den folgenden Monaten baute Josef am Ufer der Bucht ein Haus, und als er fertig war, brachte er seine junge Familie dorthin und gab dem Ort, der nur aus einer einzigen Familie bestand, den deutschen Namen „Hansel". Andere Seeleute folgten ihnen und alle schätzten diese Bucht, die in Stürmen Sicherheit bot. Josef Krause schnitzte ein Ortsschild mit dem

Namen „Hansel-by-the-Sea". In den folgenden Jahrzehnten, in denen Wind und Wetter an der Tafel rüttelten, verschwand das „H". Dies wurde von den Einheimischen aber erst bemerkt, als neue Bewohner sich schon angewöhnt hatten, von „Ansel" zu sprechen.

Amanda Dykes

Betrachtungen wallender Wasserwogen

Auf einem sichern Schiff, worauf ich mich befinde,
Betracht ich jetzt die durch die wilden Winde
Stark aufgebrachte Flut, die sich gewaltig bäumet,
Entsetzlich wallet, braust und schäumet.
Die Wellen drohen sich, einander zu verschlingen;
Die suchet jene zu bezwingen;
Dort sieht man Berge schnell sich neigen,
Dort tiefe Täler plötzlich steigen.
Es wütet, wühlt und wallt die Flut. So weit wir sehn,
Sucht alles sich zu senken, zu erhöhn.
Hier siehet man von unten dicke Wellen
Sich auf einmal erheben, bäumen, schwellen.
Wenn nun in ihrer Fahrt einander ihr begegnet,

Sieht man sie sich so heftig drängen,
Daß sie, beschäumt, als wenn es regnet,
Rings um sich große Tropfen sprengen.
Hier wölben sich die regen Wogen,
Formieren umgekehrte Bogen;
Dann steigen graue Berg' allmählich in die Höh',
Mit weißem Schaum bedeckt als wie mit Schnee.
Oft sinken sie, zerborsten, plötzlich nieder,
Oft heben sie sich schnell und steigen plötzlich wieder.
Indem ich meine Blicke nun
Auf diesem Platz der Unruh ließe ruhn;
Entstunden, bei der Welle Wanken,
Bei mir die folgenden Gedanken:
Wann aus der tiefen Flut sich eine Well' erhebt,
Sich abgesondert, hoch zu steigen,
Vor andern schwülstig sich zu zeigen,
Oft sanft, oft ungestüm bestrebt,
Doch plötzlich sinkt, vergehet und verschwindet,
Und mit derselben Flut, aus welcher sie entsprungen,
Sobald sie von ihr eingeschlungen,
Sich wieder, wie zuvor, vermischt befindet;
So kömmt solch eine Welle mir
Als wie ein Bild von unserm Leben für.
Indem wir mit dem Stoff der Erden,
Aus welchem wir entstehen und bestehn,
Nachdem man uns hier kurze Zeit gesehn,
Im Grabe wiederum vermischet werden.
Noch dacht ich bei der Flut und dem erblickten Strand:

Bestehet nicht das feste Land
Aus lauter kleinen Körnchen Sand?
So wie das tief' und weite Meer
Aus einem großen Tropfenheer?
Mir fällt bei diesem Denken bei:
Ob nicht vor Gott die ganze Erde
Zum Sandkorn,
und das Meer zu einem Tropfen werde?

Barthold Heinrich Brockes (1680–1747)

Mächtiges Brüllen

Mächtig ist das Brüllen des Meeres,
mächtiger noch sind seine Wellen,
doch am mächtigsten, Herr, bist du!

Psalm 93,4

Sturmflut im Winter

Schon lange hatte ich den Wunsch, auch im Winter einmal in mein Lieblings-Urlaubsland Dänemark zu reisen. Ende Januar habe ich meine Resturlaubstage aus dem Vorjahr dafür verplant und – weil ich schon so viel Gutes über Römö gehört hatte – ein Ferienhaus auf dieser schönen Insel gebucht. In bester Lage übrigens, nah beim Strand, weil das in den Wintermonaten deutlich günstiger ist als im Sommer. Und weil der Preis der Gleiche bleibt, egal mit wie vielen Personen man anreist, habe ich kurzerhand meine Schwägerin Edith zu dieser Urlaubswoche eingeladen.

Die Hinfahrt Ende Januar war schon abenteuerlich, denn es begann bereits kurz vor Hamburg zu schneien. Es war spätabends, als wir über den 10 km langen Fahrdamm nach Römö fuhren.

Die Schneeflocken wirbelten uns entgegen, und wir wollten nach vielen Stunden Fahrt einfach nur noch endlich ankommen. Die Schneedecke hatte schon eine ordentliche Höhe erreicht, als wir beim Ferienhaus vorfuhren. Nun, ich wollte Winter; ich bekam Winter!

Am nächsten Morgen war der Schnee aber leider schon wieder weggetaut! Es hatte in der Nacht einen plötzlichen Wetterumschwung gegeben, der nun Regen brachte.

Trotzdem genossen wir den ersten langen Winter-Spaziergang am breiten Strand sehr. Dort waren in der Nacht riesige Eisbrocken angeschwemmt worden, was die Landschaft sehr bizarr aussehen ließ.

Am vierten Tag unseres Urlaubs zog ein Sturm auf. Weil das am Meer aber nichts Ungewöhnliches ist, und sowohl Edith als auch ich schon öfter in Dänemark waren, beunruhigte uns das eigentlich nicht. Am Abend fegte der Wind ganz ordentlich über das Dach unseres Ferienhäuschens. Meine Schwägerin lag schon längst in ihrem Bett; ich hatte gelesen und schlief noch gar nicht so lange.

Plötzlich wurde meine Zimmertür aufgerissen und Edith weckte mich mit den Worten: „Da klopfen zwei fremde Männer an der Tür mit hellen Scheinwerfern und Blinklicht auf dem Auto!" Ich antwortete im Halbschlaf: „Da gehen wir nicht ran!" Es war 2 Uhr in der Nacht. Trotzdem rappelte ich mich auf, zog meine Daunenjacke über das Nachthemd und wir schlichen zur Terassentür. Durch den zugezogenen Vorhang schien das helle Scheinwerferlicht. Wir lugten vorsichtig durch die Tür und sahen zwei Männer in gelber Ölkleidung. Glücklicherweise sprachen sie Deutsch und wiesen uns darauf hin, dass in der Nacht eine Sturmflut erwartet werde. Wir sollten das Haus möglichst bald verlassen und zu einer Sammelstelle in Havnby, dem Hauptort der Insel, fahren. Der Höchststand der Flut werde gegen 4.30 Uhr erwartet. Unser Haus – etwa 300 Meter vom Strand entfernt – lag etwas niedriger als das Straßenniveau. Wenn also das Wasser über die Straße kommen würde, könnte es bei unserem Häuschen nicht mehr abfließen.

Nach diesen Informationen sprachen Edith und ich kaum ein Wort miteinander; zu sehr waren unsere Gedanken darauf fokussiert, was nun zu tun sei. Wir wuchteten die Koffer und alle eigenen Sachen, die auf dem Boden lagen, auf den Kleiderschrank und zogen warme Kleidung an. Alle Papiere und weitere wichtige Unterlagen stopften wir in unsere Handtaschen. Jetzt mussten wir zuerst für uns sorgen und sicherstellen, dass wir warme Kleidung, unsere Papiere und Geld dabeihatten. Seltsamerweise funktioniert in solchen Ausnahmesituationen der Verstand – trotz Müdigkeit – sehr präzise. Das hatte ich auch schon früher mehrfach erlebt!

Als wir fertig waren, stellten wir noch unsere Schuhe, die zum Trocknen auf dem Boden vor der Heizung standen, auf die Couch und Edith legte zum guten Schluss noch einige Briketts in den Kaminofen. Damit es warm wäre, falls wir zurückkehren könnten! Auf dem Weg zur Sammelstelle war uns schon etwas seltsam zumute: Hoffentlich treffen wir alles wieder heil an! Still für sich betete jede von uns. An der Sammelstelle, einer alten Schule, angekommen, erwarteten uns viele dänische Helfer von Küstenwache und Katastrophenschutz und etliche Frauen, die warme Getränke und Essen zubereiteten.

Wir gehörten zu den ersten Urlaubern, die dort eintrafen. Im Laufe der nächsten Stunde kamen immer mehr Gäste an, so dass wir schließlich 25 bis 30 Personen und ca. zehn Hunde waren. Die lagen friedlich unter den Stühlen ihrer Besitzer; sie schienen deutlich gelassener zu sein als viele der anwesenden Menschen!

Edith und ich taten das, was wir gerne tun: Menschen kennenlernen und mit ihnen ins Gespräch kommen – auch über unsere Zuversicht in dieser Situation! Wir hatten einige gute Gespräche. Auch eine deutsche Polizistin war dabei, die ausgerechnet an diesem Tag ihren Geburtstag feierte.

Im Laufe der Zeit setzten sich auch dänische Helfer zu den deutschen Urlaubern, stärkten sich und unterhielten sich mit den Gästen. Dabei wurde auch viel gelacht! Wenn die Situation nicht so ernst und der Zeitpunkt nicht so ungewöhnlich gewesen wäre, hätte man meinen können, es wäre ein Nachbarschaftstreffen mit netten, lockeren Begegnungen!

Ich schaute zwischendurch immer wieder auf die Uhr und stellte gegen 4.30 Uhr fest, dass jetzt der Höchststand der Flut erreicht sein müsste! Unbemerkt von den Urlaubern machte sich irgendwann in dieser Zeit eine Gruppe von Rettungskräften auf den Weg, um zu checken, ob die Ferienhaussiedlungen überschwemmt wurden.

Als sie zurückkamen, erhielten wir die Information, dass alles in Ordnung sei und alle wieder in ihre Ferienhäuser zurückkehren könnten. Gegen 5.30 Uhr fuhren wir erleichtert zurück und trafen um 6 Uhr morgens wieder bei unserem Domizil ein! Dank der nachgelegten Briketts war es mollig warm!

Nach ein wenig nachgeholtem Schlaf frühstückten wir später ausgiebig und ließen die aufregenden Erlebnisse der vergangenen Nacht Revue passieren. Wir dankten Gott besonders dafür, dass unser Haus vom Wasser verschont geblieben war und wir in dieser Situation absolut gelassen bleiben konnten. Wir waren auch dankbar für den netten Kontakt mit einigen anderen Urlaubern, denen wir vom Grund unserer Zuversicht und Ruhe erzählen konnten. Trotz aller Aufregung fühlten wir uns geborgen, weil wir wussten, dass Gott die Situation unter Kontrolle hat.

Als wir am nächsten Tag wieder einen Spaziergang an den Strand unternahmen, konnten wir die Gewalt erkennen, mit dem das Meer in der vergangenen Nacht auf Land getroffen war: Alle Dünen, die an den Strand ausliefen, waren bis in einer Höhe von etwa 1,5 Metern wie mit einem Messer abgeschnitten.

Im Sommer desselben Jahres fuhr ich dann erneut nach Römö – und seitdem viele weitere Male. Und jedes Mal, wenn ich anderen Urlaubern, mit denen ich ins Gespräch komme, von der Winter-Sturmflut erzähle, ernte ich großes Erstaunen. So etwas erleben die wenigsten!

Esther Becker

Regen-Stopp

Regen, Regen, Regen, Regen, Regen. Seit drei Tagen nur Regen. Dabei hatte ich mich so auf den Inselurlaub gefreut. Endlich für ein paar Tage Sylt. Endlich wieder am Meer.

Meine drei Freundinnen, mit denen ich vor einiger Zeit hier zur Reha war, sind auch dabei. Wir haben uns in eine hübsche Ferienwohnung einquartiert und hatten schöne Pläne: viel spazieren gehen, Meeresluft atmen, stundenlang quatschen und es uns gut gehen lassen. Diese Zeit sollte für uns eine „Seelen-Auftankstation" werden: Meer, Strand und wir vier. Alle Sorgen und Probleme wollten wir gemeinsam im Sand „abspazieren" und die Ruhe des Meeres auf unsere aufgewühlten und verletzten Seelen wirken lassen. Neue Kraft tanken, aufatmen in der gesunden, salzigen Luft. Die Weite des Meeres in uns aufnehmen, um die Enge der Seele zu weiten.

So weit der Plan für unsere kurze Auszeit auf Sylt. Und nun das: *Regen, Regen, Regen!*

Der dritte Tag bricht an, und immer noch ist alles grau in grau, und die Tropfen fallen unablässig vom Himmel. Es ist kaum auszuhalten. Nach unserem Frühstück machen wir uns auf den Weg zur Kirche. Gottesdienst in der Friesenkapelle. „Ist auf jeden Fall trocken", so unser Gedanke. Tropfnass, aber erleichtert kommen wir kurze Zeit später an der Kirche an, stopfen unsere schicken Regenjacken unter die grauen Kirchenbänke der Friesenkapelle und freuen uns, hier sein zu dürfen. Die Kirche ist schlicht und urig friesisch eingerichtet. Blauweiße Delfter Kacheln zieren den Altarraum. Ein schlichtes Holzkreuz steht auf dem Altar, umgeben von Kerzen und zwei Blumensträußen. Neben dem Altar ist an der Wand ein großes Segelboot eingelassen. Auf diesem Boot kann man Kerzen für liebe Menschen entzünden, um an sie zu denken und für sie zu beten. An der Wand hängen vereinzelt Bilder.

Ein Bild hat es mir ganz besonders angetan. Es ist ein Bild von Jesus, und er ist gleich zwei Mal auf diesem Bild zu sehen. Im Vordergrund ist er als der auferstandene Jesus zu erkennen. Blass, im Hintergrund dieses Bildes, ist der gekreuzigte Jesus zu sehen. Das Bild ist in hellen Weiß- und Gelbtönen gehalten und erwärmt mir das Herz. Denn Jesus lächelt mich so liebevoll an. Es kommt mir vor, als würde er mir freundlich zuflüstern: „Schön, dass du da bist!"

Wie sehr ich dieses Bild mag! Jesus – freundlich, voller Liebe und Zuneigung. Dieser Blick berührt mein Innerstes. Er lässt mich trotz allem Schrecklichen im Leben an Gottes großartigem Sohn festhalten. Er lässt mich tief vertrauen und schenkt mir die Zuversicht, völlig verstanden zu werden. Ein einziges Bild, das doch so viel erzählt!

Der Regen ist vergessen, und ich lasse mich einhüllen in Gottes Nähe, die ich hier in dieser Kirche ganz besonders spüre. Seit über zwanzig Jahren komme ich hierher, wenn ich auf Sylt bin, hier in diese schlichte und doch für mich so wertvolle Kirche.

Der Gospelchor „Island Voice" ist heute Morgen da und stimmt uns mit einem fröhlichen „Guten Morgen"-Lied auf den Gottesdienst ein. Entspannt lasse ich mich auf der grauen Friesenbank nieder und sauge den Gottesdienst in mir auf. Ich schwelge in den Liedern und lasse mich von der Predigt aufbauen. Gott ist mir hier so nahe. Beim Abschlussgebet fordert uns der Pfarrer auf, auch ein eigenes Gebet zu sprechen. Ich bete um „Sonne" für uns Mädels.

Nach dem Gottesdienst gibt es immer das Kirchen-Café in der Begegnungsstätte der Friesenkapelle. Als wir einmal im Sommer während unserer Reha-Zeit auch hier waren, gab es nach dem Gottesdienst Himbeerbowle. Im kalten Winter wird das leider nicht angeboten, dafür aber warmer Punsch und leckerer Kuchen. Eng stehen wir in der Begegnungsstätte, schlürfen unser Heißgetränk und plaudern über den Gottesdienst.

„Ich habe für Sonne gebetet", platze ich in unsere Unterhaltung. Susanne, Susi und Silke schauen mich grinsend an. „Das habe ich auch". „Ich auch." „Na klar habe ich auch dafür gebetet", kommt es von den drei anderen entschlossen zurück. Wir blicken alle vorsichtig aus unserem Unterstand. Nee, nee, da ist noch nix von der Sonne zu sehen …!

Entschlossen fahren wir trotzdem mit dem Auto zum nördlichsten Punkt Deutschlands, nach List. In List steuern wir den
Hafen an. Hier wollen wir ein bisschen spazierengehen und
hier sind auch viele Läden. Vielleicht lässt ja der Regen nach
einer kleinen Shoppingtour nach? Nach einer Stunde regnet es
noch immer. „Ach, bitte lieber Gott, bitte lass es doch nur EIN
MAL aufhören, dass wir wenigstens im nördlichsten Teil von
Sylt, am Ellenbogen, am Meer entlanglaufen können", flehe ich
in Gedanken.

Es regnet weiter. Trüb und grau hängen die Wolken über der
Insel. Die Tropfen perlen an unserem Auto ab, als wollten sie
ein Wettrennen machen. Na gut, dann fahren wir halt nur am
Ellenbogen entlang und machen nur eine kurze Strandbege-
hung. Wir gehen die Holztreppen am Lister Nordstrand hoch
und stehen schließlich am Aussichtspunkt, bevor es wieder
mit vielen Holzstufen abwärts in Richtung Meer geht.

Wahnsinn, was für ein Blick! Wir lächeln uns an, halten
unsere Gesichter dem Meereswind entgegen. Unsere Regen-
jacken-Kapuzen werden vom Kopf geweht. Ach, ist das schön!

Und dann stutzen wir vier fast gleichzeitig. Kein REGEN! Ich
halte meine Hand gen Himmel. Tatsächlich: kein Tropfen! Wie
kleine Kinder jagen wir die Holztreppen zum Strand hinunter.

Gott, hast du wirklich unsere Gebete erhört?

Voller Freude machen wir uns auf zu einem Strandspaziergang, ganz nah an den Wellen, die brausend am Strand auslaufen. Muscheln, die angespült werden und mit der nächsten

Welle wieder mitgenommen werden. Kleine und große Steine verteilen sich im Sand. Verzückt laufen wir weiter. Es ist so schön. Einfach herrlich. Wir hatten es so vermisst in den letzten Tagen. Eine ganze Stunde gehen wir am Meer entlang und machen uns schließlich glücklich wieder auf den Weg zu unserem Auto. Kurz bevor wir wieder dort ankommen, setzt der Regen wieder ein. Ist das zu fassen?

Wir fahren weiter. Egal wo wir hinkommen: Es regnet und regnet und regnet… Es regnet an diesem Tag ohne Unterlass weiter. Nur diese eine Stunde wurde uns geschenkt. Im Gebet geschenkt. Welch ein Segen, welch eine Gnade, welch eine Freude! Für Gott ist nichts unmöglich!

PS. Am nächsten Morgen weckte uns ein blauer Himmel und Sonne!!!

Simone Heintze

Das Brausen der Wellen

Erhöre uns nach der wunderbaren Gerechtigkeit,
Gott, unser Heil, der du bist die Zuversicht aller auf
Erden und fern am Meer; der du die Berge gründest
in deiner Kraft und gerüstet bist mit Macht; der du
stillst das Brausen des Meeres, das Brausen seiner
Wellen und das Toben der Völker.

Psalm 65,6–8

Das Meer erklären

Wer den Regentropfen erklären kann,
kann auch das Meer erklären.

Selma Lagerlöf

Unfreiwillige Lektion in Meeresbiologie

Vor einiger Zeit durfte ich das Meer auf überraschende Weise aus einer ganz anderen, eher wissenschaftlichen Perspektive kennenlernen.

Die Studienordnung unserer Kinder sieht vor, dass zusätzlich zu den Prüfungen im eigenen Studienfach auch Prüfungen in fachfremden Optionalbereichen abgelegt werden müssen, damit die Studenten ihren Horizont erweitern und quasi über den Tellerrand ihres eigenen Fachs hinausblicken.

Während unser Sohn sich nach einer Prüfung in Kirchengeschichte diesmal direkt für Meeresbiologie entschieden hatte, hatte unsere Tochter gemeinsam mit ihrer Freundin das ganze Semester über eine Vorlesung besucht, die zumindest entfernt mit ihrem Studienfach zu tun hatte. Als sich die beiden zur Prüfung anmelden wollten, stellte sich jedoch heraus, dass die Klausur in dieser Disziplin mit sechs Leistungspunkten bewertet werden würde; gefordert waren im Optionalbereich jedoch nur drei. Erstaunlicherweise war es nicht zulässig, überschüssige Punkte zu erlangen – nein, es mussten exakt drei Punkte sein, keiner mehr und keiner weniger. Da die Klausur im Bereich Meeresbiologie genau drei Leistungspunkte ergeben würde, entschieden die beiden spontan, sich ebenfalls für diese Prüfung anzumelden. Unser Sohn, der auch noch nichts für die Klausur gelernt hatte, stellte seine Skriptunterlagen zur Verfügung und der zweiwöchige Lernmarathon konnte beginnen.

Immer wieder wurde ich gebeten, den Lernstand des einen oder anderen abzufragen. Dabei wurde ich mit einer unglaublich geballten Wissensfülle bombardiert. Ich lernte Tiefseelebewesen kennen, von deren Existenz ich noch nie gehört hatte, erfuhr wie Pack- und Schelfeis entstanden, wurde in die Schalenbildung von Kieselalgen eingeweiht und kannte schließlich die Unterschiede zwischen Watt und den Böden der Mangrovenwälder. Ich wurde mit Informationen über Substanzen, Vorgänge und Tiere in Korallenriffen regelrecht überschüttet und lernte Eigenschaften von Ionen in Geysiren und Vulkanen. Des Weiteren wurde mir die Gliederung der Meereszonen aufgesagt, bis mir vor lauter lateinischen Ausdrücken der Kopf schwirrte. Ich lernte Hartbödenflora und -fauna kennen und erfuhr, welche Auswirkungen der Interkontinentalstrom hatte.

Während unsere Kinder gigantische Mengen an Informationen in ihr Kurzzeitgedächtnis einspeicherten, veränderten sie sich auf erstaunliche Weise – und unsere Tischgespräche mit ihnen. Ein kleines Wort oder irgendeine scheinbar bedeutungslose Bemerkung konnten sie so triggern, dass sie augenblicklich irgendwelche Daten oder Fachausdrücke zum Besten geben mussten. Dabei sprudelten die Informationen geradezu aus ihnen heraus. Dieser Drang beschränkte sich nicht nur auf unser Zusammensein im Kreis der Familie, sondern brach sich auch Bahn, als wir zusammen mit Freunden in großer Runde grillten. Unglücklicherweise gab es auch Fisch – ein Umstand, der unsere Kinder offensichtlich besonders anregte und dafür sorgte, dass dauernd lateinische Ausdrücke über den Tisch hin- und herflogen, sodass ich schon überlegte, ob ich eine Straf- zahlung von einem Euro pro ungebetener Information andro- hen sollte.

Schließlich konnten die beiden ihr Wissen in der entspre- chenden Prüfung endlich anwenden, doch es dauerte noch er- staunlich lange, bis die Ebbinghaussche Kurve des Vergessens Wirkung zeigte und die ungefragten Infos seltener wurden.

Wenn diese intensive Lernphase hie und da auch etwas nervig für mich war, so bin ich doch noch immer beeindruckt von der Vielfalt an Lebewesen und Lebensräumen im Bereich Meer und freue mich, dass ich dank der unfreiwilligen Klau- sur unserer Kinder Erstaunliches erfahren und lernen konnte. Es hat mir Gott als großartigen Schöpfer vor Augen gestellt, der mit Weisheit, Kreativität und Liebe alles bis in kleinste Detail geplant hat.

Du bist der Herr, du allein;
du hast die Himmel gemacht, der Himmel Himmel
und all ihr Heer, die Erde und alles, was darauf ist,
die Meere und alles, was in ihnen ist.
Und du erhältst dies alles am Leben. (Nehemia 9,6)

Gudrun Hübner

Die Schöpfung ehren

Gott der ganzen Schöpfung, wir haben die Umwelt verschmutzt und bedrohen die Grundlage unseres gesamten Lebens. Wir füllen das Meer an mit Müll. Den Meerestieren und Pflanzen fügen wir Schaden zu und zerstören ihren Lebensraum. Wir bekennen und bereuen es. Wir wissen, dass wir es ändern können und verpflichten uns dazu, die Schöpfung zu hüten und zu bewahren. Gott, erhöre unser Gebet.

Gebet aus Vanuatu / Ozeanien

Informationen: Vanuatu ist ein Inselstaat mit 83 Inseln im pazifischen Ozean – östlich von Australien, westlich von Fidschi. 67 Inseln sind bewohnt. Knapp 300.000 Menschen leben auf Vanuatu. Der durch den Klimawandel verursachte Anstieg des Meeresspiegels und die Vermüllung der Meere bedroht die Lebensgrundlage der Einwohner massiv. Bereits seit 2018 herrscht auf den Inseln strengstes Plastikverbot.

Donegal

Die Küste Donegals im Nordwesten der Republik Irland ist eine atemberaubend schöne Landschaft mit Felsen, hohen Klippen und einsamen Stränden. Ich finde sie am schönsten, wenn die Ginstersträucher in Blüte stehen. Selten habe ich diese Pflanzen so üppig blühen sehen wie auf den Hügeln in der Grafschaft Donegal. Wer die Abgelegenheit oder Einsamkeit sucht, wer gegen Wind und Regen ankämpfen und kreischende Möwen hören will, wer danach seine durchnässte Kleidung bei einem glühenden Torffeuer in einem reetgedeckten Pub trocknen lassen und sich selbst aufwärmen will, der ist in Donegal am richtigen Platz. Es ist wild, es ist wüst, es ist wunderschön und bei bestimmtem Wetter vielleicht sogar ein wenig unheimlich. In Donegal habe ich es zum ersten Mal gehört. Zuerst konnte ich das Geräusch nicht einordnen, denn es war mir unbekannt. Es war am Ende des Sommers, am späten Nachmittag, wenn sich der Tag neigt und es Abend wird. Die Sonne war fast untergegangen, es wurde langsam richtig frisch: Es war Zeit, ins Haus zu gehen. Was mich zurückhielt, war dieser unbekannte Klang, melodiös, etwas traurig, ja fast mysteriös. Er war wie ein Ruf, er erweckte eine unbestimmte Sehnsucht in mir. Ich nahm mein Fernglas und blickte die Küste entlang. Dann entdeckte ich sie: eine Gruppe grauer

Robben, die sich auf einigen flachen Felsen am Meer ausgebreitet hatten. Während das Meereswasser an die Steine leckte, lagen sie entspannt zusammen und meinten, unbeobachtet zu sein. Und so sangen sie unter freiem Himmel unbefangen ihr Lied. Ihr Gesang – wobei sich tiefe und hohe Töne abwechselten – war wunderschön und tief ergreifend, er ging durch Mark und Bein. Nie werde ich diese seltsame Erfahrung, die sich nicht in Menschenworte fassen lässt, vergessen. Das Singen der Robben an der Westküste Irlands wurde für mich zu einem Höhepunkt in jenem Jahr. Es war solch ein Moment, wo der Mensch sich seiner Kleinheit und Nichtigkeit bewusst wird und ihm nichts übrigbleibt, als Gott für das Wunder seiner Schöpfung zu danken und zu loben.

Herr, welche Vielfalt hast du geschaffen! In deiner Weisheit hast du sie alle gemacht. Die Erde ist voll von deinen Geschöpfen. Da ist der Ozean, groß und weit, in dem es von Leben aller Art wimmelt, von großen und kleinen Tieren. Ich will dem Herrn singen, solange ich lebe. Mit meiner Seele will ich den Herrn loben! (Psalm 104,24–25,33–35; NLB)

Noor van Haften

Strandgut-Sammeln für Fortgeschrittene

Strandgut ist das, was Wind, Wetter und Wasser so alles anspülen. Es beinhaltet zwei meiner liebsten Wörter: Strand und Gut. Am Strand ist nämlich alles gut für mich. Nicht-Suchen. Sich-finden-lassen. In der Weite Ausschau halten nach Schätzen. Mit den Füßen Sand und Wasser spüren. Ich lasse mich von meiner Neugier treiben, werde zum Entdecker, Sammler, Strandläufer.

Immer öfter ist das Strandgut aber auch Müll. Essensreste, Zigarettenkippen, Scherben, Plastikbecher. Als Hundefrauchen habe ich immer Beutel dabei und sammle voller Elan den Müll auf. Ich versuche, dem Strand saubere Abschnitte zu schenken, seine Schönheit wieder aufleben zu lassen und den Wellen den Müll abzunehmen, bevor sie ihn mit in den Nahrungskreislauf nehmen.

Strandgut finde ich auch immer wieder in mir – wenn ich mich in die Stille begebe und nach innen lausche. Tauche ab in mein Meer der Möglichkeiten und wate vertrauensvoll an den Strand. So wundervolle Schätze sind dabei schon angespült worden: Erinnerungen, vergrabene Gefühle, Träume aus tiefsten Ecken, die nun sichtbar wurden und gelebt werden wollen.

Manchmal ist aber auch mein innerer Strand von Müll übersät: hässliche Glaubenssätze, die den Sand verschandeln, angeschmuddelte Worte, graue Gedanken… Dann heißt es: Mülltüte in die Hand und aufsammeln, um den Strand wieder in seiner Schönheit strahlen zu lassen. Das macht den Blick wieder frei auf meine „EinzigNichtArtigkeit", mein kleines Ich kann wieder Purzelbäume schlagen und Mut-Burgen bauen …

Dann liege ich entspannt im hellen, warmen Sand, spüre Zufriedenheit, fühle mich geborgen in mir und bin bereit für neue Abenteuer.

Dagmar Herzog

Sein ist das Meer

Denn sein ist das Meer, und er hat's gemacht,
und seine Hände haben das Trockene bereitet.

Psalm 95,5

Zurück ins Meer

Im letzten Jahr bin ich auf meinem Weg zu einem Angelplatz
an der Südküste einer alten Frau begegnet. Sie lief ein gutes Stück vor mir am Strand, und ich konnte nur erkennen,
wie sie sich ab und zu bückte, etwas aufhob und es ins Meer
warf. Neugierig geworden, was die Frau da tat, ging ich etwas
schneller, hielt aber einen gewissen Abstand ein, sodass ich
sie in ihrem Tun nicht störte oder ablenkte. Dann konnte ich
endlich erkennen, womit die Frau beschäftigt war: Sie sammelte den angespülten Plastikabfall auf und warf ihn zurück
ins Meer. Durch den ablandigen Wind wurden die Fundstücke schnell auf das offene Meer hinausgetrieben. Sie war so
versunken in ihr Tun, dass sie nicht bemerkte, wie ich mich

langsam näherte. Ich sprach die Frau behutsam an und fragte, warum sie den Müll zurück ins Meer warf, und mit verbitterter Stimme antwortete sie mir: „Damit das Zeug wieder dorthin zurückgeht, wo es hergekommen ist!" Damit wandte sie sich von mir ab und setzte ihren Weg fort. Ich schaute ihr noch eine ganze Zeit lang nach, wie sie sich bückte, ein Stück Abfall aufhob und es zurück ins Meer warf. Das Problem war: Die Frau konnte das Meer nicht mehr fühlen. Sie hatte den Respekt und die Achtung vor dem großen Wasser verloren. Ich sammle auch den Abfall am Strand auf, aber weil ich das Meer liebe.

Udo Schröter

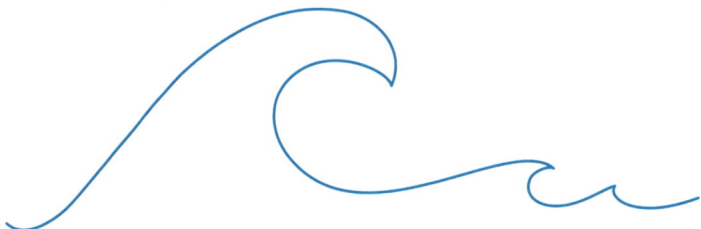

Durch's Rote Meer

Ich kann mir nicht vorstellen, wie das Volk Israel geradewegs auf's Meer zurannte, ohne auch nur zu ahnen, was dort passieren würde – einfach im Vertrauen darauf, dass der Herr sie irgendwie da raushauen würde. Ich habe mir Gedanken darüber gemacht, was passiert wäre, wenn das Meer sich geteilt hätte, als sie noch etwa 200 Meter vom Ufer entfernt waren. Das hätte bei weitem nicht dieselbe Glaubensstärke erfordert. Aber so?!

Ich bewundere sie!

Manchmal habe ich mich gefragt, wie das ist, wenn andere Leute einem zu viel Anerkennung zollen für die Freude, den Frieden und die Gnade, die man in einer misslichen Lage erlebt, wo es doch in Wirklichkeit Gott ist, der das Meer vor einem geteilt und einen bequemen Pfad im Angesicht des Todes geebnet hat. Es ist also keineswegs das eigene Verdienst. Ich habe es selbst auch schon erlebt, wie Gott mir in einer solchen Situation übernatürlich viel Frieden und Gnade geschenkt hat. Aber der springende Punkt ist der: Bevor ich nicht gewillt bin, wirklich bis an die Kante des Wassers zu gehen (oder es zuzulassen, dass Gott mich dahin führt), werde ich diese überwältigende Freude über die Befreiung aus dieser Krise nicht erleben.

Keiner von uns möchte in einer schmerzhaften Lebenssituation bis an die Wasserlinie laufen, wenn er nicht vorher schon weiß, dass Gott das Meer teilen wird. Wir bevorzugen es, im Voraus zu wissen, was passieren wird und dass alles gut ausgehen wird. Aber ich glaube, wenn wir diese kleinen Schritte des Vertrauens auf das Ungewisse zugehen – nur in dieser Stunde, nur an diesem Tag und dem nächsten, nur in dieser einen Woche – dann werden wir merken, dass er uns hilft, egal wie schwierig die Umstände auch sein mögen. Er ist wie ein stolzer Vater, der sein Krabbelkind anfeuert, wenn es zum ersten Mal auf eigenen Füßen steht, weil er weiß, dass sein Kind das kann. Wir sind diejenigen, die es nicht wussten!

Ich liebe die Stelle in 2. Mose 15 – unmittelbar, nachdem die Israeliten das Rote Meer entgegen aller menschlichen und wissenschaftlichen Vorstellungen trockenen Fußes überquert haben. Dort heißt es: „Als nämlich die Pferde des Pharao mitsamt den Streitwagen und Reitern ins Meer gejagt waren, ließ der Herr die Wassermassen über ihnen zusammenschlagen. Die Israeliten aber waren trockenen Fußes durch das Meer gezogen. Dann nahm die Prophetin Mirjam, Aarons Schwester, ihr Tamburin und alle Frauen tanzten mit Tamburinen hinter ihr her."

Mose und das Volk Israel waren aus Ägypten geflohen. Und sie wurden von der größten Armee der damaligen Welt verfolgt. Sie hatten weder eine Ahnung, wohin sie gehen, noch wie sie es auf die andere Seite des Roten Meeres schaffen sollten. Ich kann mir ihre Angst und Panik noch nicht mal ansatzweise vorstellen angesichts der Gewissheit, von den Truppen des Pharao überrannt und getötet zu werden. Sie erlebten einen Albtraum. Aber dann hat Gott sie tatsächlich auf die andere Seite gerettet und Mirjam und alle anderen Frauen begannen zu tanzen. Denk mal darüber nach, was das bedeutet!

Es bedeutet, dass sie unmittelbar in der schrecklichsten Ungewissheit, die sie je erlebt hatten, ihre Tamburine eingepackt haben! Verstehst du? Diese Frauen haben ihre Instrumente mitgenommen, obwohl sie fürchterliche Angst und absolut keinen Plan hatten, wie es weitergehen sollte. Aber sie haben Gott vertraut und deshalb ihre Tamburine eingesteckt. Sie haben daran geglaubt und darauf vertraut, dass irgendwann der Tag kommen würde, an dem sie wieder tanzen, jubeln und diese Instrumente brauchen würden. Und wissen Sie, wer vorgetanzt hat? Alle Frauen!

Das Leben wird uns Schmerzen zufügen, die vielleicht nie ganz verheilen werden, und wir werden Kämpfe ausfechten müssen, die wir nicht voraussehen konnten. Wir werden vieles in Frage stellen: die Art und Weise, wie wir leben, die Entscheidungen, die wir treffen, unser Muttersein und ob wir den bevorstehenden Aufgaben überhaupt gewachsen sind. Wir werden uns mit Sorgen und Depressionen herumschlagen oder mit dem Gefühl, bedeutungslos zu sein. Und wir werden darum ringen, ob es richtig ist, dem Lehrer eine Email zu schreiben und ihn zu fragen, warum unser Kind eine so schlechte Note bekommen hat.

Wir werden viele Male in unserem Leben an unserer jeweils eigenen Wasserkante stehen, aber wenn wir dabei von Frauen umgeben sind, die wir als unsere Freundinnen bezeichnen dürfen, dann werden wir uns gegenseitig daran erinnern, vor dem Schritt ins Meer unsere Tamburine einzupacken. Das Leben wird uns manchmal niederringen, aber die Frauen, die mit uns da durchgehen, sind diejenigen, die uns die Stärke verleihen, nach der Katastrophe wieder zu tanzen. Sie werden mit uns weinen, wenn wir weinen müssen, und halten unsere Hand dabei. Und wenn es Zeit ist, wieder aufzustehen und weiterzuleben, werden sie ihre Tamburine austeilen.

Das Schöne daran ist, dass wir wissen dürfen, dass unser Leben sich für immer zum Besseren wendet, wenn wir mit den Frauen unterwegs sind, die Gott uns an die Seite gestellt hat. Dann werden wir uns gegenseitig zu Cheerleadern, Ermutigerinnen, Lehrerinnen und Tamburin-Spielerinnen.

Melanie Shankle

Auf dem Gipfel von Dun

Der Wind bläst mir ins Gesicht.
Klammert sich an Felsen.
Den Naturgewalten ausgeliefert.
Diese ungezügelte Kraft –
sie verschlägt mir den Atem.
Die Sonne gibt dem Meer einen Gutenachtkuss.
Abendrot ergießt sich auf ferne Hügel.
Am Himmel formen Wolken gewaltige Schlösser.
Diese Schönheit –
sie verschlägt mir den Atem.
Farben verblassen langsam.
Dunkelheit senkt sich herab.
Tiefer Friede erfasst alles.
Diese Unermesslichkeit –
sie verschlägt mir den Atem.

Jenni Sophia Fuchs

Mitten auf dem Meer

Mitten auf dem Meer
Nichts sehen als
Weite
Nichts hören als
Wellenbrechen
Nichts fühlen als
Wind
Das ist
geschenkte Freiheit

Melanie Groer

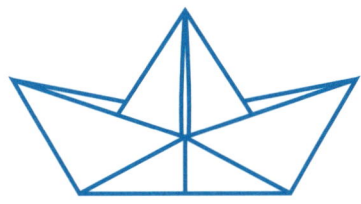

Abschied vom Meer

An diesem Vormittag fing ich keinen Fisch mehr und machte mich schließlich auf den Weg zurück zu meiner Hütte. Ich wollte, dass das Lagerfeuer brannte, wenn Leif an den Strand kam. Er erschien am frühen Nachmittag mit einem selbst gebackenen Kuchen und einem Lächeln im Gesicht. Wir saßen am Feuer, tranken Kaffee, aßen Apfelkuchen und sprachen über Glücks- und Schneidertage, also Tage, an denen kein Fisch beißen wollte. Leif erinnerte sich noch einmal an seinen Freund Edwaldson, der mit einer tiefen Gelassenheit auch Schneidertage in seinem Fischerleben hinnehmen konnte, und das, obwohl er mit Netzen fischte. „Edwaldson sah das ganz pragmatisch: Blieben die Netze leer, hatte er mehr Zeit, um auf der Terrasse zu sitzen!" Der Gedanke an seinen Freund zauberte Leif ein Lächeln ins Gesicht. „Er musste dann ja keine Fische ausnehmen und keine Netze säubern." „Wie ist Edwaldson eigentlich gestorben?" Ich hatte nun ja schon so einiges über den Freund von Leif gehört, aber ich wusste nichts über seinen Tod. „Als ich zur Walbeobachtung nach Nordnorwegen gereist war, erreichte mich plötzlich die Nachricht, dass Edwaldson im Sterben lag. Er war vor seiner Hütte umgefallen, und es sah so aus, als ob er sich nicht mehr erholen würde. Als ich sechs Tage später zurück war, erkundigte ich mich bei seiner Familie nach seinem Befinden, und sie erklärten mir, dass er anscheinend nicht mehr in diese Welt zurückkehren wollte. Er sei nicht mehr wirklich ansprechbar, aber man könne eine innere Unruhe spüren. Eine Unruhe auf der Schwelle zwischen Leben und Tod. Edwaldson war anscheinend noch nicht bereit, seine letzte Reise auch wirklich anzutreten. Ich fuhr zu ihm, setzte mich an sein Bett und erzählte ihm von den Walen, von den Fjorden und von unseren glücklichen Tagen vor seiner Hütte am Meer. Vom Blick auf das Riff, von der Holzbank, auf der wir saßen … Ich erzählte dem sterbenden Edwaldson einfach alle seine Lieblingsgeschichten. Geschichten, die er mir immer wieder voller Stolz und mit einem Leuchten in den Augen erzählt hatte. Zum Beispiel die, wie er mit seinem robusten Kutter einen Sturm mit meterhohen Wellen überstanden hatte. Auf den Kutter ließ Edwaldson Zeit seines Lebens kein böses Wort kommen." Leif schmunzelte kurz, dann wurde er wieder ernst. „Die ganze Zeit hielt ich seine rechte Hand, und dann umfasste ich sie mit beiden Händen und sprach ein Gebet. Es war ein Dankgebet. Ein sehr, sehr langes Dankgebet für das Leben, das Edwaldson beschert worden war. Ich dankte in seinem Namen für die vielen glücklichen und erfüllten Momente mit seiner Familie, auf dem Meer und vor seiner Hütte und ich schloss das Gebet mit einem Vaterunser. Als ich mich von Edwaldson verabschiedete, wusste ich, dass es ein Abschied für immer sein würde. Noch in derselben Nacht schlief er für immer ein."

Leif verteilte die letzten beiden Stücke des Apfelkuchens und ich legte Feuerholz nach. Ohne darüber nachzudenken, stellte ich Leif plötzlich die Frage, die mir auf der Seele lag: „Hast du eigentlich keine Angst vor dem Tod?" „Ach, weißt du, Angst vor dem Tod zu haben ist relativ sinnlos. Sie bewahrt dich vor gar nichts, hindert dich aber am Leben." Leif schaute mich an und biss in den Apfelkuchen. „Wenn ich im Lauf der Zeit etwas gelernt habe, dann nicht mit der Wahrheit zu streiten, sondern mich dem Leben wirklich hinzugeben. Und jetzt würde ich gern noch ein letztes Mal mit dir angeln gehen." Er blickte mich unternehmungslustig an. Es war genauso endgültig, wie der alte Mann es formuliert hatte: Wir gingen ein letztes Mal zusammen angeln.

Udo Schröter

Mittsommer

Schweden, Ostseeküste, letztes Jahr. Mittsommer. Wir konnten uns Jans alten Bulli ausleihen und fuhren mit ein paar Freunden los. Zehn Tage ohne Ziel, einfach drauflos. Endlose Wälder, kleine Seen, wildes Campen. Und dann ans Meer. Sand, Dünen und ganz viel … Nichts. Es war ein Traum. Lea hatte es auch echt nötig. Sie ist eigentlich ziemlich taff. Aber auch sie musste mal raus aus allem. Lea ist nicht besonders religiös. Eher eine, die alles selbst schaffen will und an nichts Größeres glaubt. Aber im letzten Sommer, als die Tage so lange hell waren, da war irgendetwas anders. Wir sind einen Waldweg entlanggefahren bis kurz vor die Küste, haben uns ein paar Sachen geschnappt und sind die letzte Strecke zu Fuß gegangen bis runter ans Meer. Sie liebt es, mit dem Schlafsack an den Strand zu gehen, sich gemütlich einzumummeln und das Meer zu hören, zu betrachten, zu spüren. Es war ein lauer Abend. Langsam ging die Sonne unter, und dann, als es endlich etwas dunkel wurde, lagen wir einfach so da und haben geredet. Als wir so in die Sterne schauten, das Meeresrauschen im Hintergrund, sagte sie verschmitzt: „Weißt du, wenn ich es nicht besser wüsste, würde ich fast sagen: Was für ein göttlicher Moment." Ich musste grinsen und sagte nichts. Und Lea dann: „Vielleicht gibt's doch einen Gott, der das alles geschaffen hat." „Also, ich", sagte ich, „kann es mir gar nicht anders vorstellen."

Titus Reinmuth

161

Im Einklang mit Gott und der Welt

Bei Anbruch der Dämmerung gehe ich noch einmal allein ans Meer. Als ich den letzten Dünenberg überwunden habe, bleibe ich wie angewurzelt stehe:

Abendhimmel voller pastellfarbener Unendlichkeit. Unfassbare Weite, Horizont, wohin ich blicke. Weißer Sandstrand, glitzerndes, gleißendes Meer. Wohltat für Augen und Seele. Ein gigantisches Farbenspiel von Sand, Meer und untergehender Sonne in Beige-Bleu-Rosé-Flieder, das mich gefangen nimmt. Im Halbdunkel gehe ich vor ans Meer. Außer mir ist niemand mehr dort. Langsam und gleichförmig laufen die Wellen an den Strand. Hier scheint die Welt zu enden, an der Grenze der Elemente, an der die Feste zerfließt. Ganz allein stehe ich vorne und treffe Gott.

Bianka Bleier

Der alte Mann und das Meer

Er sitzt nun schon seit Jahren am Steg
und schaut übers Meer.
Der Seemann muss eigentlich weiter,
der Abschied fällt ihm schwer.
Ich frag ihn, auf wen er wartet.
Er sagt: „Der Käpt'n lässt sich Zeit."
Denn zum nächsten Hafen
sei der Weg noch ziemlich weit.

Erst wenn die Gletscher schmelzen,
da hätten sie freie Fahrt.
Der Frühling lässt auf sich warten,
der Winter hält sich ziemlich hart.
Er hat die Welt schon umrundet
und jeden Ozean überquert.
Und meint: „Junge, wenn ich dort strande,
bist du der Erste, der's erfährt.

Nur noch ein paar Meilen, dann hab ich's geschafft.
Ich setz schon mal die Segel und bündle meine Kraft.
Auf zu neuen Ufern, den Sternen immer hinterher!"

Der alte Mann darf bald nach Hause,
hinter die Sonne, hinters Meer.
Weit hinters Meer.

Die Nebelschwaden verdampfen,
die See ruht spiegelglatt.
Man hört den Käpt'n rufen:
„Seemann, wir sind am Start!"
Er hebt die müden Beine,
die Koffer lässt er einfach stehen.
Und sagt: „Ich fahr dann schon mal vor und hoff,
dass wir uns drüben sehen."

Johannes Falk

Aufgewühltes Meer

Denn ich bin der Herr, euer Gott; mein Name ist: der Herr, der Herrscher der Welt. Ich wühle das Meer auf, dass seine Wogen brausen.

Jesaja 51,15

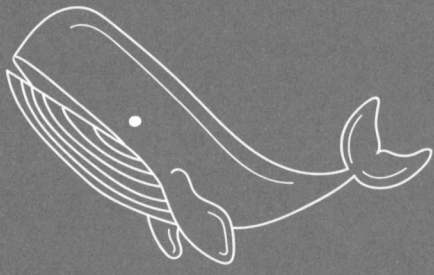

Leinen los

Leinen los. Anker lichten. Segel setzen.
In See stechen. Ins Abenteuer stürzen.
Wind um die Nase. Sonne auf der Haut.
Salz auf den Lippen.
Überschäumendes Lebensgefühl.
Endlose Weite. Freiheit.
Bewegungsdrang.

Schwankender Grund. Flauer Magen.
Nasse Kleider.
Hart am Wind. Hart an der Grenze.
Weite Endlosigkeit. Bedrohung.
Hafensehnsucht.

Segel reffen. Anker werfen.
Anlegen. Festmachen. Heimkommen.
Sanftes Dümpeln, gedämpfte Wahrnehmung,
entspanntes Leben.
Erholung für müde Glieder
und die strapazierte Seele.
Endlich Ruhe. Geborgenheit.
Dankbarkeit.

Der Herr behüte dein Ablegen und Anlegen
auf deiner Lebensreise.
Er behüte deinen Ausgang und Eingang
von nun an bis in Ewigkeit.

Sigrid Offermann

Quellenverzeichnis

S. 16: Rainer Haak: Am Ufer des Meeres, aus:
Rainer Haak: „99 gute Gründe, dankbar zu sein", © Gerth Medien, 2011

S. 18: Sabine Henning: Der zweite Schöpfungstag, aus:
„Wandeln – mein Fasten-Wegweiser 2021", © Andere Zeiten e.V.,
Hamburg, 2021, www.anderezeiten.de

S. 20: Bianka Bleier: Land in Sicht, aus:
Bianka Bleier: „Strandgut – Fundstücke vom Meeresufer", © SCM Collection
im SCM-Verlag GmbH & Co. KG, 2014

S. 21: Dann auch ich, Originaltitel: So Will I (100 Billion X), Text & Melodie:
Joel Houston & Benjamin Hastings & Michael Fatkin, Dt. Text: Ellen Röwer
& Sophia Henckell & Sheila Geisinger,© 2017 Hillsong Music Publishing

S. 22: Missy Buchanan: Heiliges Paradox, aus: Missy Buchanan:
„Beach Calling: A Devotional Journal for the Middle Years and Beyond",
© 2019 by Missy Buchanan, www.upperroombooks.com,
Übersetzung: Renate Hübsch

S. 24: Simone Heintze: Sonnenaufgang, Rechte bei der Autorin,
www.simoneheintze.de

S. 27: Erich Fried : Meer, aus:
Erich Fried: „Warngedichte", © Carl Hanser Verlag, München 1964

S. 29: Bianka Bleier: Erste Liebe, aus:
Bianka Bleier: „Strandgut – Fundstücke vom Meeresufer", © SCM Collection
im SCM-Verlag GmbH & Co. KG, 2014

S. 30: Sabine Langenbach: Glaubst du an Wunder?, Rechte bei der Autorin,
www.sabine-langenbach.de

S. 33: Udo Schröter: Endlich wieder am Meer, aus:
Udo Schröter: „Endlich wieder am Meer, © adeo, 2014

S. 35: Katja Heimbach: Im Gebet am Meer, Rechte bei der Autorin

S. 36: Missy Buchanan: Einfachheit, aus:Missy Buchanan:
„Beach Calling: A Devotional Journal for the Middle Years and Beyond",
© 2019 by Missy Buchanan, www.upperroombooks.com,
Übersetzung: Renate Hübsch

S. 38: Brigitte Rath: Am Meer, Rechte bei der Autorin

S. 42: Arthur Gordon: Fürsorge, aus:
Arthur Gordon: „Geschenke des Himmels", © Gerth Medien, 2008

S. 43: Matthias Hennemann: Der Atem des Meeres, Rechte beim Autor

S. 46: Ulrike Berg: Durchatmen, aus:
„zeit – ein Urlaubsbuch", © Andere Zeiten e.V., Hamburg, 2014,
www.anderezeiten.de

S. 48: Gudrun Hübner: Endlose Weite, Rechte bei der Autorin

S. 50: Sabine Bockel: Sehnsucht zwischen Himmel und Erde, aus:
Sabine Bockel und Annemarie Pfeiffer: „Folge der Spur deiner Sehnsucht",
© Gerth Medien, 2021

S. 52: Arthur Gordon: Die Hochzeit am Meer, aus:
Arthur Gordon: „Geschenke des Himmels", © Gerth Medien, 2008

S. 59: So wie ein Ozean, Text und Musik: Lothar Kosse, © Lothar Kosse
Praize Republic, Köln, 2016

S. 60 Bianka Bleier: Multikulturell, aus:
Bianka Bleier: „Strandgut – Fundstücke vom Meeresufer", © SCM Collection
im SCM-Verlag GmbH & Co. KG, 2014

S. 62: Titus Reinmuth: Am Strand, aus:
Titus Reinmuth: „Im schlimmsten Fall geht alles gut", © adeo, 2019

Gute-Nacht-Gedanken

„Ein sehr liebevoll gestaltetes Buch – die Texte und Gedichte sind mal persönlich und tiefgründig, mal poetisch und mal einfach schön. Ich schmökere darin gerne vorm Einschlafen!"

Leserstimme

Der Übergang vom Tag in die Nacht ist eine besondere Zeit. Dieses Buch soll eine kleine Hilfe sein, diese Zeit bewusst zu gestalten und die Ereignisse des Tages Revue passieren zu lassen. Enthalten ist eine Sammlung von vielfältigen Gebeten, Gedanken und Geschichten verschiedener Autoren.

Gönnen Sie sich am Abend einige Momente der Ruhe, um sich auf Gott zu besinnen und friedlich in die Nachtstunden gehen zu können.

 Sigrid Offermann (Hg.) • Wenn der Tag sich neigt
Gebunden • 160 Seiten • ISBN 978-3-95734-688-9

Der Verlag weist ausdrücklich darauf hin, dass im Text enthaltene externe Links vom Verlag nur bis zum Zeitpunkt der Buchveröffentlichung eingesehen werden konnten. Auf spätere Veränderungen hat der Verlag keinerlei Einfluss. Eine Haftung des Verlags für externe Links ist stets ausgeschlossen.

© 2022 Gerth Medien in der SCM Verlagsgruppe GmbH,
Dillerberg 1, 35614 Aßlar

Die Bibelzitate wurden, wo nicht anders vermerkt,
folgender Übersetzung entnommen:

Hoffnung für alle® Bibel. Copyright © 1983, 1996, 2002, 2015 by Biblica Inc.®.
Verwendet mit freundlicher Genehmigung von Fontis – Brunnen Basel.
Alle weiteren Rechte weltweit vorbehalten.

1. Auflage 2022
Bestell-Nr. 817838
ISBN 978-3-95734-838-8

Umschlaggestaltung: Mareike Schaaf
Umschlagmotiv: Collage unter Verwendung von Shutterstock
Innenillustrationen: Shutterstock
Satz: Mareike Schaaf
Druck und Verarbeitung: Friedrich Pustet, Regensburg
Printed in Germany
www.gerth.de